Simone Milasas

W0414613

Freude im Business

Was wäre, wenn Business das Abenteuer des Lebens ist?

Mit wesentlichem Beitrag von ***Gary M. Douglas***

Joy of Business
Copyright © 2013 Simone A. Milasas
ISBN: 978-1-939261-73-1

Alle Rechte vorbehalten. Der Inhalt dieses Buches darf auch in Ausschnitten ohne die schriftliche Zustimmung des Autors und des Herausgebers nicht wiedergegeben, in ein Verteilungssystem eingebracht oder übertragen werden, weder elektronisch, noch mechanisch, durch Fotokopien, Aufnahmen, oder auf irgendeine andere Weise.

Autor und Herausgeber dieses Buchs erheben keinerlei Anspruch und garantieren in keiner Weise physische, mentale, emotionale, spirituelle oder finanzielle Ergebnisse. Alle Produkte, Leistungen und sämtliche Informationen, die vom Autor unterbreitet werden, sind allgemein gehalten und dienen ausschließlich der Weiterbildung und der Unterhaltung. Die Informationen, die in diesem Buch zur Verfügung gestellt werden, ersetzen keinen medizinischen oder professionellen Rat. Für den Fall, dass Sie irgendeine der Informationen, die in diesem Buch enthalten sind, für sich oder für andere anwenden, übernehmen weder der Autor noch der Herausgeber Verantwortung für Ihre Handlungen.

Published by:
Access Consciousness Publishing, LLC
www.accessconsciousnesspublishing.com
Printed in the United States of America
Second Edition
First Edition, copyright © 2012 by Simone A. Milasas,
published by Big Country Publishing, LLC

Über dieses Buch

Dieses Buch ist für dich, wenn du in der Geschäftswelt tätig sein und etwas vollkommen anderes für dich und den Planeten kreieren und generieren möchtest. Business oder Arbeit – ganz gleich wie du es nennen möchtest - ist eine große Kraft, wenn es darum geht, unser Leben, unser Dasein und unsere Realität zu formen. Bist du durch die konventionelle Art und Weise, dein Business zu gestalten, festgefahren, die sich begrenzt anfühlt, langweilig und unprofitabel? So muss es nicht sein. Was wäre, wenn das Business kreativ, produktiv - und mit Freude erfüllt wäre? Das kann es sein!

Freude im Business möchte den Unterschied aufzeigen, den Business sein kann. Es ist kein Ratgeber. Es wird dir keine Antworten zu den Problemen und Dilemmas in deinem Business geben. Jedoch eröffnet es für dich den Raum, das Business auf eine ganz andere Art zu gestalten. Es enthält Fragen, Übungen, Werkzeuge und Prozesse, die du nutzen kannst und die dir andere Sichtweisen davon vermitteln, wie du dein Business und dein Leben erschaffen kannst.

Ich bin keine Businessexpertin im üblichen Sinne. Ich habe keine lange Liste an Qualifikationen, Hochschulabschlüssen oder sonstigen Titeln. Was ich zu bieten habe, sind langjährige praktische Erfahrungen im Business, die ich in der ganzen Welt gesammelt habe - und die Ansicht, dass Business mit Freude erfüllt ist. Ich möchte die Freude im Business mit dir teilen und dich dazu einladen, deinem Wissen zu folgen, dir selbst Fragen zu stellen und einige der faszinierenden Werkzeuge von Access Consciousness® zu nutzen, die vielleicht die Art und Weise, wie du das Business gestaltest, für immer ändern werden.

Inhaltsverzeichnis

WIDMUNG

Meinen unermesslichen Dank

Ich möchte dieses Buch *Freude im Business* zwei besonderen Männern in meinem Leben widmen:

Meinem Vater, der mich von Anfang an ermutigte, mehr über Business zu lernen und mich dazu ermunterte, meine eigenen Wahlen zu treffen. Er liebte mich, selbst wenn ich mich dagegen wehrte, ihm zuzuhören. Er war immer so stolz auf mich. Ich liebe dich, Papa. Ruhe in Frieden.

Gary Major Douglas, der Gründer von Access Consciousness®, der ein enormer Beitrag zu diesem Buch, meinem Leben, meinem Dasein und meiner Realität ist. Du hast mir gezeigt und du zeigst es mir auch noch heute, was ich schon immer wusste, dass es möglich war. Danke.

Ich bin euch beiden für immer dankbar.

Ich möchte mich auch bei allen Menschen bedanken, denen ich im Laufe meines Lebens begegnet bin. Ich hatte so ein unglaubliches Glück, mich mit so erstaunlichen Freunden und meiner Familie zu umgeben. Wie konnte ich nur so viel Glück haben?

Dona, du bist die großartigste Editorin dieses Planeten. Danke für deine Geduld. Wie wird es noch besser?

Christina & Ted, Big Country Publishing, ich bin unglaublich dankbar.

Dain, danke für deine unendliche Fürsorglichkeit und den Beitrag, der du bist.

Brendon, du bist das Geschenk, das nicht aufhört zu geben.

Anmerkung für meine Leser

Dieses Buch wurde im „Queen's Englisch" verfasst. Ich reise durch die ganze Welt und lebe an vielen unterschiedlichen Orten. Ich bin jedoch Australierin. Ich bin ein Aussie und habe dieses Buch in Aussie-Englisch geschrieben. Falls du aus den USA kommst, so vergib mir bitte meine ‚Schreibfehler', wenn du von einem anderen Teil der Welt bist, genieße es!

Vorwort

Eines Tages habe ich mich mit meinem Freund Gary Douglas, dem Gründer von Access Consciousness®, darüber unterhalten, was ein gemeinsamer Freund in seinem Business tat. Ich sagte: „Was er da treibt, ergibt aus meiner Sicht keinen Sinn."

Gary fragte mich: „Was meinst du damit, es macht für dich keinen Sinn?"

Ich antwortete: „Nun, warum sollte er das wählen? In dieser Geschäftsentscheidung steckt überhaupt keine Freude. Nichts aus dieser Entscheidung wird irgendetwas Größeres kreieren." Ich sah, dass er etwas abtötete, was potentiell möglich gewesen wäre.

Gary fragte: „Was meinst du damit, es ist nicht mit Freude erfüllt?"

Ich sagte: „Nun, man betreibst doch ein Business wegen der Freude, die man daran hast!"

Gary sagte: „Nein, das tut man nicht."

Ich war baff und sagte: „Doch, du tust das! Warum solltest du es sonst machen?"

Dann sagte Gary: „Simone, du bist der einzige Mensch, den ich kenne, der ein Business rein aus der Freude daran betreibt! In dieser Realität hat Business nichts mit Freude zu tun."

So begann unser Dialog über die Freude im Business. Seit dieser Zeit habe ich entdeckt, dass es viele Menschen gibt, die glauben, Business nicht zu mögen und es gibt auch viele Menschen, die Business als freudvoll empfinden. Ich möchte, dass du einer von den letzteren bist. Und ich möchte dich dazu einladen, alle Ansichten, die du über Business hast, die nicht freudvoll sind – bzw. warum es nicht mit Freude erfüllt sein kann - zu verwandeln. Dies ist meine Einladung an dich.

Was wäre, wenn Business reine Freude wäre - und du damit Geld verdienen könntest?

Kapitel 1

WIE ICH MIT DEM BUSINESS BEGANN

Ich habe das Business schon immer geliebt. Als ich in Sydney, Australien aufwuchs, sprachen meine Freunde davon, ins College zu gehen, zu heiraten und Kinder zu bekommen. Diese Dinge haben mich nie interessiert. Ich wusste immer, ich würde später mein eigenes Unternehmen haben. Ich hatte keine Ahnung, was es sein würde. Ich wusste nur, ich würde ein Business haben. Das fühlte sich als das Kreativste an, was ich tun konnte. Ein Business zu betreiben, ist für mich, als wäre ich ein Künstler mit einer weißen Leinwand. Da ist der Funke einer Idee und du stellst eine Frage wie: „Was braucht es, damit dies Früchte trägt?" Ich habe Business immer aus dieser Sichtweise betrachtet.

Sobald ich meine High School Ausbildung abgeschlossen hatte, hatte ich einen Job. Ich arbeitete drei Monate, sparte 3.000 Dollar zusammen und ging damit nach Übersee. Ich verbrachte drei Jahre in England, Portugal, Österreich und auf den griechischen Inseln. Ich arbeitete und reiste. Ich nahm jeden Job an, den ich bekam, solange er es mir ermöglichte, weiter zu reisen und die Welt zu sehen. In Griechenland auf der Insel Santorini hatte ich einen Job, bei dem ich vor einem Restaurant stand, Passanten ansprach und Folgendes sagte: „Hey, kann ich Sie dafür begeistern, heute Abend im Captain Angelo's zu essen? Wir haben drei Spezialitäten und Sie bekommen ein Glas Wein gratis." Ich tat das für vier Stunden täglich und verdiente ausreichend, um meinen Lebensunterhalt zu decken. Jemand anderes hätte sich vielleicht über solch eine Arbeit beklagt, aber meine Einstellung dazu war: „Ja, ich tue es." Es war egal, was es war, ich konnte mir meine Arbeit immer voller Spaß und Freude gestalten. Ich bin immer in der Lage gewesen, die Möglichkeiten wahrzunehmen, die mir Arbeit und Business boten und ich glaube daran, dass eine kreative und freudige Einstellung bei der Arbeit bzw. die Art und Weise, wie man Geschäfte macht, dazu beitragen können, ein außergewöhnliches - oder vielleicht sogar ein phänomenales Leben zu führen.

Als ich nach Australien zurückkehrte, klopften mir alle auf die Schultern und sagten: „Nun, das ist jetzt erledigt. Jetzt hast du das Reisen hinter dir."

Meine Reaktion aber war: „Was? Das hat gerade begonnen!"

Ich begann mein erstes Geschäft, indem ich Produkte auf den Wochen- und Straßenmärkten in Sydney verkaufte. Ich tat alles, angefangen bei selbst hergestellter Feuchtigkeitscreme, Sprühnebel, Körperglitter, bis hin zum Einzelhandel mit anderen Produkten, die aus unterschiedlichsten Quellen stammten. Samstags war ich auf dem *Glebe Market* und sonntags auf dem *Bondi Beach Market*. Ich wünschte mir, einen Lebensstil erschaffen, bei dem ich an den Wochenenden auf den Märkten meine Produkte verkaufen und mein Leben genießen konnte.

Mein Ziel war es, genug Geld zu verdienen, um nach Neu Delhi in Indien zu reisen, um dort Waren einzukaufen, die ich wiederum auf Märkten und Festivals in Australien verkaufen konnte.

In kurzer Zeit hatte ich das Geld verdient, das ich brauchte und flog nach Indien. Ich ging zu einem Ort in Neu Delhi, den man *Paharganj* nennt und wo Räucherwerk, Textilien, indische Armreifen, Schmuck und Kleidung verkauft werden. *Paharganj* ist beeindruckend. Es ist einer der geschäftigsten Orte, die ich je gesehen habe. Kühe, die als heilig betrachtet werden, durften gehen, wohin sie wollten. Sie wanderten in der Mitte der schmutzigen Straßen, umgeben von Taxis, Fahrrädern, Ochsenkarren, Pferdewagen und Fußgängern. Straßenverkäufer saßen auf beiden Seiten. Sie verkauften so ziemlich alle die gleichen Dinge und feilschten mit Käufern und Passanten. Manchmal stieg die Temperatur auf 55° Celsius. Überall wurde Essen gekocht und der Duft indischer Gewürze füllte die Straßen. Es war heiß, geruchsintensiv und total aufregend. Man hätte es als dreckig und über die Maße chaotisch ansehen können - und das war es definitiv - oder als einen der exotischsten und interessantesten Orte dieses Planeten. Ich war gerade angekommen und ich liebte es.

Ich hatte keine Ahnung, wie ich Lieferanten finden konnte. Ich wusste, ich würde sie finden, hatte nur keine Ahnung davon, wie das aussehen sollte. Ich war fasziniert von dem Abenteuer, dort Geschäfte zu machen. Meine Einstellung war: „Schauen wir mal, was sich zeigt!" So wanderte ich herum und sah mir an, was die Verkäufer so anboten. Sobald ich mir irgendetwas von ihnen anschaute, wollten sie sofort mit dem Feilschen beginnen. Das konnte teilweise recht anstrengend sein.

Ich erkannte, dass sie in der Lage waren, Menschen mit Leichtigkeit dazu zu überreden, viele Produkte zu kaufen, die diese vielleicht in ihrer Heimat nicht weiter verkaufen konnten. Daher achtete ich stets darauf, wer in diesen Situationen die Kontrolle hatte. Es war eine schlüpfrige, schräge Art Geschäfte zu betreiben und es erfüllte mich sehr mit Freude. Ich schien intuitiv zu wissen, dass ich Fragen stellen musste, damit ich die Person war, die wählen konnte, was geschah. Ich fragte, was die Dinge waren, in welchen Farben es sie gab, welchen Preis sie hatten und wie viel es kostete, wenn ich zehn davon nähme oder einhundert. Ich ging weiter, stellte Fragen, machte Notizen und als ich wieder in meinem Hotel war, ging ich noch mal alles durch.

Das Interessante dabei ist, in der Schule war ich in Mathe durchgefallen. Ich hasste Mathe und ich war schlecht darin. Und nun war ich in Indien und musste Formeln für den Export, den Import und die Preiskalkulation ausarbeiten - und ich tat es. Ich wusste, ich konnte die Waren erfolgreich exportieren. Ich wusste, ich musste jemanden finden, der den Export durchführte. Ich wusste über den administrativen Papierkram Bescheid und ich musste die Kosten umlegen. So ging ich durch die Straßen und sprach mit allen möglichen Leuten, um die Informationen zu bekommen, die ich brauchte. Ich war bereit, all das zu sein, was notwendig war, um mein Business zu erschaffen.

Wenn du ein Geschäft machst, musst du bereit sein, alles zu haben und alles zu verlieren. Du darfst nicht auf ein Endergebnis deines Tun und Handelns fixiert sein. Hätte ich am Zeitpunkt des Einkaufs einiger Waren über meinen Weiterverkauf nachgedacht, hätten die Verkäufer die Kontrolle bei den Preisen und anderen Aspekten des Handels gehabt. Da ich aber frei war und nicht an einem Endergebnis festhielt, ließ ich mir Zeit. Ich drängte nicht, damit etwas geschah. Ich war bereit, der Dinge zu harren, die da kamen und zu sehen, was möglich war. Das bedeutete, ich hatte die Kontrolle über die Preise, die Mengen und die anderen Faktoren. Es war ein großartiges Gefühl von Abenteuer und Freude, auf diese Weise Geld zu verdienen und das Leben zu leben. So kaufte ich Güter von *Paharganj* und transportierte am Anfang die Waren in meinen Taschen zurück nach Australien. Später fand ich zwei muslimische Scheichs, die meine Exporteure wurden. Sie waren unglaublich. Ich konnte Flugtransporte durchführen, die Waren auf den Märkten in Sydney verkaufen und ich machte 3.000 bis 4.000 Dollar pro Woche, während ich nur zwei Tage auf den Märkten arbeitete. An den restlichen Tagen ging ich zum Strand und hatte neue Ideen für die Märkte und wie ich mit den Lieferanten aus Indien verhandeln konnte. Es schien, als hätte ich sehr viel Raum und freie Zeit zum Leben. Ich war glücklich. Einige Leute, die einem geregelten Job nachgingen, sagten: „Simone, such dir einen richtigen Job."

Ich aber sagte: „Das ist ein richtiger Job! Das ist großartig!" Ich hatte eine wundervolle Zeit und verdiente eine Menge Geld. Heute bin ich mir darüber bewusst, dass ich die Fähigkeit hatte, genau das zu erschaffen und zu erwirtschaften, was ich mir (zu diesem Zeitpunkt) wünschte, und damit Geld zu verdienen. Und das ist, wie ich später bei Access Consciousness® entdeckte, weil Geld der Freude folgt. Die Freude folgt nicht dem Geld.

Nach einiger Zeit begannen die Leute, mich zu fragen, ob ich für sie Waren in Indien einkaufen könnte, die sie in ihren Läden weiter verkaufen würden. Ich überlegte: „Wenn ich Großhandel betreibe, kann ich größere Mengen einkaufen und bekomme bessere Preise." Und so sagte ich zu. Also flog ich nach Indien und kaufte große Mengen an Gütern, was bedeutete, ich hatte eine größere Anziehung und die Lieferanten nahmen mehr Notiz von mir. Ich verkaufte an etwa 12 Geschäfte in Sydney und ich begann, Kleidung zu entwerfen. Alles das wurde recht erfolgreich und kurz darauf wurde es mir langweilig. Also hörte ich auf, mit Kleidung zu handeln und begann, Sterling Silberschmuck besetzt mit Halbedelsteinen zu importieren.

Ich ging nach Jaipur in Indien, die als die *Rosa Stadt* bekannt ist, um Steine zu kaufen. Als ich zum ersten Mal dorthin fuhr, waren gerade Perlenketten in Australien in Mode. Also kaufte ich Rosenquarz, Amethyst, Granat und zigtausend andere Steine. Was dir auch immer einfällt, ich hatte es. Der Mann, von dem ich die Steine kaufte, sagte mir, ich könne keinen Erfolg damit haben, da ich eine Frau sei. Das war seine Sichtweise. Niemand in Indien sagte zu mir: „Juhu! Simone, tu das!", jedoch war ich immer noch bereit, meinem Wissen zu folgen und mich glücklich über jede Entscheidung zu fühlen, die ich traf. Für mich war das Ganze ein großes Abenteuer.

Ich begann damit, Steine und Schmuck auf den Märkten und als Großhändler in Australien zu vertreiben. Dann reiste ich nach Jaipur zurück, um noch mehr zu kaufen. Ich kaufte auch in Thailand Schmuck. In Bangkok gibt es eine Straße, die sich *Khao San Road* nennt, dort gibt es einen riesengroßen Markt, ähnlich wie *Paharangj*. Ich traf eine Menge Leute aus dem Westen, die das Gleiche taten wie ich. Wir trafen uns und tauschten Informationen und Kontakte aus, so konnten wir füreinander und für den persönlichen Erfolg ein Beitrag sein. Meine Ansicht war es, wenn meine Mitstreiter erfolgreich mehr Designs durchsetzen konnten, so könnte ich diese auch haben. Das war leicht. Ich war immer bereit, dazu beizutragen, damit andere mehr Geld verdienen konnten. Das zu tun, war und ist für mich eine Freude. Ich genoss es, mit Menschen auf der ganzen Welt zusammen zu arbeiten und uns gegenseitig zu unterstützen. Es liegt ein großes Potential darin, mit der Einstellung zu arbeiten, sich gegenseitig ein Beitrag zu sein. Hätten wir vom Standpunkt der Konkurrenz aus gearbeitet, so hätten wir unsere Geschäfte verkleinert oder zerstört und wahrscheinlich wären wir nicht so erfolgreich gewesen, wie wir es waren - und vielleicht auch nicht so voller Freude. Wie gesagt: **Geld folgt der Freude und nicht umgekehrt.** Das ist eine ganz einfache und wertvolle Einsicht.

Kurz darauf begann ich auch nach Kathmandu in Nepal zu reisen. Die Flugroute nach Kathmandu ging über den Himalaya, eine der schönsten Aussichten der ganzen Welt (und ja, wenn man zur richtigen Jahreszeit dort ist, sieht es genauso aus wie auf den Postkarten!). Es war schön, durch die Straßen der Stadt zu schlendern. Es gab tolle kleine Cafés mit wunderbarem Tee und die Menschen gaben einem ein Gefühl von Dankbarkeit für die Anwesenheit in ihrem Land.

Ich war oft von und nach Indien gereist und bemerkte, dass ich nun viel mehr Zeit in meinem Hotelzimmer verbrachte als sonst irgendwo, wenn ich dort war. Ich zog es vor, in Thailand und Nepal zu arbeiten und ich begann zu fragen, was ich außerdem aus diesen Ländern importieren konnte. Am Ende entwarf ich eine Reihe von Hüten. Wir hatten ein Hut-Label, das sich *The Shack* nannte und ich transferierte einen großen Teil meines Geschäfts nach Nepal. Für mich lag darin mehr Freude - und ich war immer bereit, der Freude zu folgen. **Du musst bereit sein, absolut alles zu verändern, wenn es für dich nicht funktioniert.**

Einige Frauen in den Bauerndörfern fertigten unsere Baumwollhüte an, zwei Männer kontrollierten die Qualität und schickten uns die fertigen Hüte nach Australien. Diese Leute waren fabelhaft. Die Arbeit, die wir den Frauen gaben, half ihnen, ihre Familien zu ernähren. Sie konnten die Hüte zu Hause fertigen und ihre Kinder bei sich behalten, anstatt sie nach Kathmandu schicken zu müssen, damit sie auf der Straße Touristen die Schuhe putzen oder ähnliche Jobs erledigen mussten.

In Nepal arbeitete ich auch mit einer Tibeterin mit dem Namen Ziering zusammen. Sie war eine großartige Geschäftsfrau und sie arbeitete wie der Teufel. Ziering wusste, dass man bessere Ergebnisse erzielt, wenn man den Leuten das Gefühl gibt, etwas Besonderes zu sein und sie behandelte mich immer mit großem Respekt. Sie ging mit mir zu ihrem Haus und hatte stets eine Tasse Tee für mich vorbereitet, wenn ich in ihr Geschäft kam. Ich kaufte Pashminas (feine Cashmere Schals) und andere Wollsachen von Ziering, die mit den tibetischen Flüchtlingsfrauen in Nepal Geschäfte machte.

Es gibt sehr viele Schwarzmarktaktivitäten in Ländern wie Indien und Nepal und Ziering war dafür bekannt, „saubere" Arbeit zu betreiben, denn sie unterstützte tibetische Flüchtlingsfrauen. In Nepal gibt es keine Unterstützung von der Regierung für arme Menschen oder Flüchtlinge, die dort leben. Wir bezahlten die tibetischen Frauen stückweise für jeden Pullover, Hut oder das Paar Handschuhe, was sie fertigten. Ich pflegte sie in ihren Häusern zu besuchen in einem Viertel, dass sich *Thamel* nennt. Einige der Häuser waren sehr winzig. Ich bin ein Meter fünfundsiebzig groß und manchmal konnte ich in ihren Häusern nicht aufrecht stehen. Ich liebte es, mit diesen Leuten zu arbeiten. Die Tibeter waren dankbar und glücklich, in Nepal zu sein. Wenn sie viel Geld verdienen wollten, konnten sie hart arbeiten und taten das. Wenn sie nur so viel Geld haben wollten, um ihre Kinder in die Schule schicken und essen zu können, so konnten sie auch das tun. Die Menschen, die sich dafür entschieden hatten, mehr im Leben zu erreichen, waren leicht zu unterscheiden von denjenigen, die glücklich damit waren, ein Dach über dem Kopf und essen für sich und ihre Kinder zu haben.

Ich brachte einigen Flüchtlingskindern Bücher mit und bezahlte ihre Schulgebühren. Alles das passte zu der Energie, von der ich wusste, dass es möglich war und es machte mir sehr viel Freude. Ich verdiente Geld und hatte viel Spaß. Ich wusste nie, was der Tag mit sich bringen würde. Das Leben war ein großes Abenteuer (und das ist es noch immer). „Wenn es keinen Spaß macht, warum tust du es dann?" ist schon immer meine Einstellung gewesen. Ich tue nichts, weil ich es tun muss. Ich liebte es, mit Menschen zusammen zu arbeiten, die etwas taten, um ihr Leben zu erschaffen. Ich glaube daran, dass jede einzelne Person eine Veränderung in der Welt sein kann. **Wenn du du selbst bist und wenn du bewusst bist, kannst du eine Veränderung in der Welt hervorrufen, ganz gleich was diese ist.**

Ich betrieb Großhandel mit unseren Hüten in ganz Australien und das Unternehmen war erfolgreich und bekannt. Ich hatte ein Büro von 80 qm mit Regalen, die gefüllt waren mit bunt gefärbten Hüten. Und dann kam wieder der Punkt, an dem ich etwas anderes erschaffen wollte. Ich begann zu fragen: „Was ist sonst noch möglich?"

Ich ging für eine Weile nach London zurück und einmal kaufte ich mir ein Tages-Ticket für die großen roten Doppeldeckerbusse. Ich fuhr kreuz und quer durch die Stadt. Es ging von Stadtteil zu Stadtteil und ich untersuchte, beobachtete und betrachtete alles. Ich bemerkte, dass es völlig egal war, wo ich war. Ob nun in einer wohlhabenden oder in einer armen Gegend, im jüdischen, im schwarzen oder im pakistanischen Viertel, es schien keine Freude zu geben. Es war gleich, ob die Menschen Geld hatten oder ob sie keines hatten, welche Hautfarbe sie hatten, welche Religion sie praktizierten oder in welchem Stadtteil sie lebten, jeder sah traurig aus. Ich dachte für mich: „Ich verstehe es nicht, dieser Planet ist so großartig. Warum sehen alle traurig aus? Warum geht jeder so sehr in dem Drama und Trauma auf und nicht in den Möglichkeiten? Was könnte ich erschaffen, das dies verändern würde?"

Good Vibes for You

Ich entschied mich dafür, ein Unternehmen zu gründen, das den Glücks-Quotienten in der Welt anheben sollte und die Art, wie die Menschen das Leben sehen. Mir kam der Name *Good Vibes to You*. Ich benutzte diesen Namen für einige Monate, aber irgendetwas fühlte sich nicht ganz richtig an. Es fühlte sich so an, als sei da eine zu starke Eindringlichkeit, und so änderte ich den Namen zu *Good Vibes for You*. Das war besser. Nun war die Energie näher an dem, was ich erschaffen wollte. Es fühlte sich leichter an. Du möchtest gute Vibes? Hier sind sie. Du möchtest keine guten Vibes? Fein, sie werden hier sein, wenn du sie haben möchtest.

Ich ging nach Australien zurück und begann, flippige T-Shirts mit inspirierenden Sprüchen und einer Menge heller Farben für das junge Party-Volk zu entwerfen. Meine Idee war, dass, wenn du eines dieser T-Shirts trägst und die Leute es lesen, es eine Einladung für sie sein könnte, bewusster zu sein oder etwas in ihrem Leben zu verändern und mehr Freude in ihr Leben zu bringen. Ich ließ jemanden unser Logo entwerfen. Es war ein großer Regenbogen mit einem großen *Good Vibes for You* darin und ich begann die T-Shirts auf Festivals und Wochenendmärkten zu verkaufen.

Einer der Sprüche auf den T-Shirts, den ich immer geliebt habe, war: „Stell dir vor, was du tun würdest, wenn du wüsstet, dass du nicht versagen kannst." Für mich war es nicht möglich zu versagen oder etwas Falsches zu tun. Das Endergebnis würde nur anders aussehen, als du es erwartet hattest. Es war einfach nicht nach deinen Plänen verlaufen und es läuft sowieso nie nach Plan. Ich kenne niemanden, der irgendetwas erreicht hat in seinem Geschäft oder seinen Lebenszielen, bei dem alles nach Plan gelaufen ist.

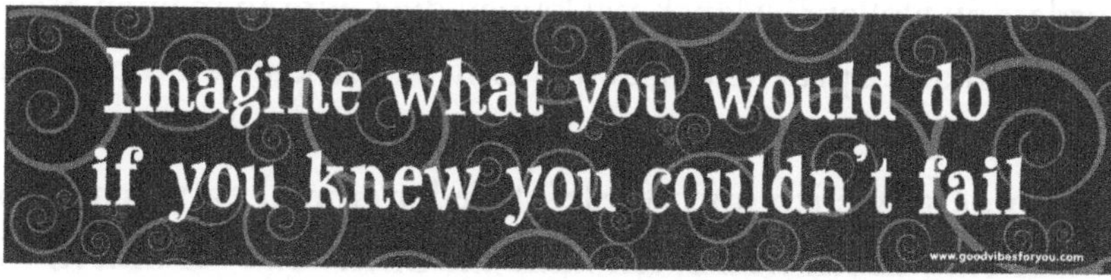

Stell dir vor, was du tun würdest, wenn du wüsstest, dass du nicht versagen kannst.

Auf einem anderen T-Shirt stand: „Sei offen für die Momente im Leben." Eines Tages trug ich dieses T-Shirt auf einer Messe, ein Typ ging vorbei, schaute auf das T-Shirt und dann sah er mir direkt in die Augen. Ich konnte die Veränderung in seinem ganzen Wesen sehen. In diesem Moment wusste ich, er sah eine andere Möglichkeit. Er wusste, etwas anderes war möglich. Wenn auch nur für einen Augenblick, aber ich hatte die Art, wie er die Welt sah, verändert. Diese Energie war genau das, was ich in der Welt erschaffen wollte. Ich wünschte mir, dass jede einzelne Person auf diesem Planeten weiß, dass es größere Möglichkeiten gibt. Alles ist möglich!

Sei offen für die Momente des Lebens

Einige unserer anderer Sprüche waren: „Sei die Veränderung, die du in der Welt sehen möchtest", „Erschaffe deine Welt", „Tue etwas außerhalb deiner Komfortzone" und „Was braucht der Planet von dir?" Viele Menschen sprachen davon, was wir für den Planeten tun sollten, um ihn zu retten, aber kaum jemand fragte ihn. „Was würdest du wollen?" Manchmal kamen die Leute an meinen Stand und lasen alle Sprüche auf den T-Shirts. Sie kauften nichts. Sie sagten nur: „Ich kann hierher kommen und die Sprüche lesen und es verändert, wie ich mich fühle." Wieder einmal hatte ich etwas erschaffen, was ich wollte. Ich hatte die Sichtweise verändert, wie Menschen ihr Leben sehen.

Eines Tages kam eine Frau mittleren Alters und kaufte zehn T-Shirts. Sie wollte sie nicht tragen. Sie plante, die T-Shirts in ihrem Haus aufzuhängen, weil sie glaubte, was ich tat sei fabelhaft. Das brachte mich zu den Fragen: „Was konnte ich sonst noch kreieren? Was wäre von Interesse für alle, nicht nur für jüngere Menschen? Was würde noch von der Welt gesehen werden?" Wir fingen an, Magnete und Aufkleber mit den gleichen Sprüchen darauf zu machen, was es uns erlaubte, unser Geschäft weiter auszubauen. Wenn du bewusst und in der Frage bist, weißt du wann und wie du dein Geschäft erweitern kannst.

An einem anderen Tag erhielt ich den Anruf einer Frau, die einen Magneten gekauft hatte, auf dem stand: „Stell dir vor, was du tun würdest, wenn du wüsstest, dass du nicht versagen kannst." Sie erzählte mir, sie habe sechs Kinder und sei mit einem Mann verheiratet, der sie über viele Jahre geschlagen hatte. Sie hatte geglaubt, es gäbe keinen Weg aus dieser Situation. Sie sagte, sie habe den Magneten an den Kühlschrank gehängt und ihn jeden Morgen gelesen, wenn sie aufgestanden war. Dann eines Tages hatte sie ihre Kinder geschnappt und ihren missbrauchenden Ehemann verlassen. Sie wollte mir danken, da die Worte auf dem Magneten ihr die Kraft und den Mut gegeben hatten zu wissen, dass es möglich war, ihn zu verlassen. Es war ein 5 Dollar Magnet. Hätte ich meinen Erfolg an den 5 Dollar gemessen, die sie mir gezahlt hatte, hätte ich mich als erfolgreich angesehen? Sicher nicht. Wenn ich jedoch meinen Erfolg danach berechnete, welche Veränderung ich im Leben dieser Frau und später auch in der Wandlung im Leben ihrer Kinder spielte, war ich ein großer Erfolg.

Als ich eines Tages auf einem Festival arbeitete, sah sich ein Motorradfahrer die Aufkleber an, die ich zum Verkauf anbot. Er hatte lange schwarz gefärbte Haare und trug ein Jack Daniel's T-Shirt, Lederhosen, große schwere Stiefel und eine Motorradjacke mit einem Club Logo darauf. Er gab mir das Geld für einen Sticker und ich fragte ihn: „Welchen Sticker wählen Sie?"

„Sei du selbst und verändere die Welt." sagte er.

Ich fragte ihn wohin er ihn kleben wollte.

„Hinten, auf mein Motorrad." antwortete er.

Ich dachte: „Großartig, wie wird es noch besser?" Wieder war ich erfolgreich gewesen. Wie viele Menschen würden diesen Aufkleber lesen: „Sei du selbst und verändere die Welt."?

Sei DU selbst & verändere die Welt

Good Vibes for You in Wasserflaschen

Good Vibes for You hat sich verwandelt und ist ganz schön gewachsen, seitdem ich T-Shirts auf Festivals in Sydney verkauft habe. Jedoch ist unser Ziel, die Veränderung zu sein, die wir in der Welt sehen wollen, konstant geblieben.

Eines Tages nahm ich an einem Access Consciousness® Kurs teil. Ich hatte eine Wasserflasche dabei und um sie nicht mit denen der anderen zu verwechseln, klebte ich einen unserer bunten Sticker darauf. Andere begannen auch, Aufkleber auf ihre Flaschen zu kleben. Kurz darauf war der Raum voll mit Wasserflaschen, die unsere *Good-Vibes*-Aufkleber trugen und Slogans wie „Sei du selbst und verändere die Welt." oder „Was ist wirklich möglich?" oder „Unendliches Wesen, unendliche Möglichkeiten" waren überall zu lesen.

Irgendjemand sagte: „Simone, *Good Vibes* sollte Wasser in Flaschen füllen und die Sprüche auf den Etiketten drucken." Ich bin ein Wassersnob und ich mochte ein bestimmtes Wasser, aber zu diesem Zeitpunkt gab es kein Wasser auf dem Markt, das Menschen oder den Planeten bestärkt. So begann mein Geschäftspartner sich mit der Möglichkeit zu befassen, Wasserflaschen zu einem unserer Produkte zu machen. Wir kontaktierten einen Mann, der eine wundervolle natürliche Quelle in der Nähe von Sydney besaß. Mein Geschäftspartner und ich fuhren in meinem Cabrio dorthin, um ihn zu treffen. Der Mann führte uns durch sein Anwesen und sprach über das Wassergeschäft. Ich fragte ihn: „Wie viele Leute fangen an, sich für das Wassergeschäft zu interessieren?"

Er sagte: „Vielleicht 500 bis 1000 jede Woche. Alle glauben, sie verkaufen Wasser in Flaschen, machen damit Millionen Dollars und tätigen die erste Anzahlung für ihren Ferrari."

Wir lachten und ich sagte: „Nun, ich habe bereits ein Cabrio."

Dieser Mann liebte das Konzept, das wir in das Wasserflaschengeschäft einführen wollten, mit vollständig biokompostierbaren Flaschen und bunten aufmunternden Etiketten, die ein Gefühl von Freude und Leichtigkeit vermittelten. Er bestärkte uns vom ersten Tag an und unterstützte uns auf seine Weise. Er ist ein guter australischer Typ. Einmal als einer unserer potentiellen Kunden aus einem anderen Land nach Australien kam, holte er ihn von Flughafen ab, machte mit ihm eine Tour zu seiner Quelle und sagte ihm, wir seien seine liebsten Geschäftspartner. Er machte uns größer, als wir waren. Er sagte zu mir: „Ich möchte, dass euer Wassergeschäft erfolgreich wird. Es macht mir Freude, mit euch zusammen zu arbeiten." Für mich ist das die Freude im Business, mit Menschen zusammen zu arbeiten, die glücklich sind, mit dir und deinem Unternehmen zu arbeiten. Wie wird das noch besser?

Das Wassergeschäft war ein harter Brocken. Es gibt viele große Unternehmen und es ist eine Jeder-gegen-jeden-Gesellschaft, aber wir machten uns bei unserem Label darüber lustig. Auf unseren neuen Etiketten stand: „Wir sind die kleinere Firma in diesem riesigen Geschäftsfeld." Wir haben den Spaß-Faktor in die Wasserflaschenindustrie eingeführt und die Menschen bemerken das. Sie fühlten sich von unserem Geschäftskonzept angezogen und wollten mit uns Geschäfte machen. Aus meiner Sicht nahmen sie den Unterschied wahr, der wir sind*.

Wir haben einige wunderbare Kontakte in der ganzen Welt aufgebaut und wir arbeiten an aufregenden internationalen Möglichkeiten. Momentan untersuchen wir andere Produkte und Technologien im Zusammenhang mit Wasser, inklusive einer Maschine, die Luft zu Wasser umwandelt. Diese unglaubliche Maschine zieht die Feuchtigkeit aus der Luft und schafft gutes, sauberes Trinkwasser. Mit einer solchen Maschine muss niemand ohne Wasser sein. Es ist besser als jedes gefilterte oder in Flaschen abgefüllte Wasser. Jeder Haushalt sollte eine haben!

---

* Siehe Glossar für eine Erklärung zur Verwendung des Wortes sind bzw. SEIN

Die Leute sagten: „Passt mal auf, ihr seid doch ein Getränkehersteller und jetzt vertreibt ihr diese Maschine. Macht ihr euch damit nicht selbst Konkurrenz?"

Wir antworten: „Ja und wir würden gerne sehen, dass auch Ihr diese Maschine nutzt." Wir arbeiten auch an dem Konzept, die Verbraucher vollständig an die biologisch abbaubaren Flaschen zu gewöhnen, was so viel besser für die Umwelt wäre. Es gibt eine gewisse Energie, die ich immer erschaffen und entwickeln wollte in dieser Welt und diese Dinge passen genau zu dieser Energie. Darum mache ich das!

Good Vibes for You geht es nicht darum ein Getränkehersteller zu sein. Es geht nicht um Wasser, es geht um guten Vibes für dich. Es geht um das Ziel, mehr Bewusstsein zu erschaffen und zu entwickeln, mehr Freude und Glücklichsein in der Welt. Was wäre dazu nötig?

Was bedeutet Erfolg für dich?

Was ist dein wahres Unternehmensziel?

Was ist das wirkliche Ziel deines Lebens und deines Daseins?

Kapitel 2

WAS BIST DU BEREIT ANZUNEHMEN?

November 2002: Gary Douglas begegnen...

An einem Wochenende im November 2002, als ich noch immer auf Festivals arbeitete, war ich auf dem *Mind-Body-and-Spirit-Festival*, um *Good-Vibes-for-You-Produkte* zu verkaufen. Einige Tage zuvor hatte ich erfahren, dass meine gute Freundin Erin, während sie einige Zeit auf Bali beim Surfen verbracht hatte, an Malaria verstorben war. Erins Tod traf mich hart. Ich dachte: „Erin ist tot und die Welt dreht sich weiter, als ob sich nichts verändert hätte." Ich wollte alles anhalten, damit ich einen Moment des Friedens haben konnte. Ich wollte definitiv nicht auf dem Festival sein, aber ich hatte 6.000 Dollar für den Stand bezahlt und ich wusste, ich musste eine Menge Geld verdienen, um die Kosten zu decken.

Es fühlte sich nicht richtig an, den Stand zu errichten und so weiter zu machen, als ob nichts geschehen wäre, wo ich doch gerade eine Freundin verloren hatte. Aber da war ich, ich stellte alles auf und wurde von Minute zu Minute wütender. Ich war wütend auf das Universum, weil Erin gestorben war. Ich war wütend, weil es so schnell geschehen war. Ich war wütend, weil es einem der lieblichsten Menschen, den ich je getroffen hatte, geschehen war und ich war nicht bereit, irgendwelchen Mist oder Lügen in meinem Umfeld zu haben.

Die Leute, die den Stand gegenüber einrichteten, waren von einer spirituellen Gruppe und sie brachten mich regelrecht zur Raserei mit ihren lauten Stimmen und ihrem Gelächter. Irgendwie erschien mir das Lachen nicht echt. Es lag keine Freude darin. Es schien eher ein Vortäuschen für das zu sein, was Glücklichsein bedeutet. Sie umarmten sich gegenseitig „von Herz zu Herz" und sie wollten auch mich „von Herz zu Herz" umarmen. All das machte den Eindruck einer großen Scharade. Keiner von ihnen sah so aus, als sei er tatsächlich glücklich und lebte, wie sie es sich vorstellten. Ich wollte sie anschreien: „Geht weg. Manchmal sind die Dinge nicht so einfach im Leben. Manchmal ist einfach alles Scheiße. Manchmal kann das Leben hässlich sein." Ich wollte jeden einzelnen von ihnen schütteln und sagen: „Wacht auf! Was ist es, wie soll dein Leben wirklich, wirklich aussehen? Reicht dir das?"

Gerade in diesem Augenblick kam ein Freund zusammen mit Gary Douglas, dem Gründer von Access Consciousness®, der auch einen Stand auf dem Festival hatte, um die Ecke. Ich hatte Gary bereits einmal getroffen, als ich zu einer seiner Abendveranstaltungen über Beziehungen gegangen war. Ich war von seiner Direktheit fasziniert. Er fühlte sich für mich so echt an. Ihm zuzuhören, wenn er über Beziehungen sprach, war für mich wie das Atmen frischer Luft. Ich dachte: „Du meinst, es ist okay, wenn ich nicht heiraten und Kinder bekommen will? Es ist nicht falsch? Großartig!" Er war die erste Person in meinem Leben, die mir zeigte, dass das, was ich wusste, tatsächlich nicht falsch war. Es unterschied sich von dem, was andere Menschen als Wahrheit für sich und für ihr Leben wählten.

Mein Freund und Gary sagten: „Hallo." Ich sagte: „Hi!" Und ich versuchte, ein Gesicht zu machen, als sei alles normal und in Ordnung. Ich umarmte meinen Freund kurz, umarmte auch Gary schnell und zog mich zurück.

Gary sah mir direkt in die Augen und sagte: „Es würde dir viel besser gehen, wenn du offener dafür wärst, einfach mehr zu anzunehmen. Dein Geschäft würde besser laufen, du würdest mehr Geld verdienen und du wärst glücklicher."

Ich antwortete: „Ja, okay. Danke!" Und ich dachte: „Du hast keine Ahnung, was in meinem Leben vor sich geht, mein Herr! Verrückter Mann, er weiß nicht, wovon er spricht." Dann fing ich an zu arbeiten und verdrängte seinen Kommentar aus meinem Kopf. Oder zumindest glaubte ich, den Gedanken losgeworden zu sein. Die folgende Nacht verbrachte ich im Hause einer Freundin in Sydney. Ich war ausgebrannt nach einem langen Tag, aber ich konnte nicht schlafen. Garys Kommentar über das Annehmen ging mir nicht aus dem Kopf. Ich versuchte herauszufinden, was er mit dieser Bemerkung gemeint hatte. Ich gab immer alles. Das ist es doch, was wir tun sollen oder nicht? Was Gary zu mir gesagt hatte, brachte meine ganze Welt zum Wanken und stülpte alles von innen nach außen. Ich sagte zu mir: „Das ist verrückt. Er sagte, ich solle Annehmen dem Geben vorziehen?" Ich hatte keine Ahnung, wie das aussehen sollte. Die ganze Sache machte mich wütend.

Am nächsten Morgen war ich so wütend, dass ich schnurstracks durch das Mind-Body-and-Spirit-Festival direkt zum Stand von Access Consciousness® zu Gary ging. Ich stand ihm gegenüber mit den Händen in die Hüften gestemmt und fragte: „Was zum Teufel meintest du mit dem, was du gestern zu mir gesagt hast?"

Gary schaute mich direkt an, lächelte und fragte, worauf ich mich bezog. Ich sagte: „Du sagtest zu mir, es ginge mir besser, wenn ich mehr annehmen würde. Ich hatte immer gedacht, es sei mir nicht erlaubt anzunehmen. Ich glaubte immer, meine Lebensaufgabe sei es zu geben und nicht anzunehmen." Ich erinnere mich nicht an Garys Antwort. Jedoch erinnere ich mich, dass ich ein Gefühl des Friedens empfand, nachdem wir gesprochen hatten.

In meinem Universum war etwas leichter geworden. Ich wusste, es lag etwas Stimmiges und Wahres in dem, was er sagte. Es fühlte sich mehr wie „ich" an. Es gab nicht viele Menschen in meinem Leben, die mich bestärkt hatten. In Garys Nähe war etwas, das mich beruhigte und mich friedvoll werden ließ für das, was ich für mich wählte, egal wie das aussehen mochte.

Wieder einen Tag später auf dem Festival hatte ich einen Kater, da ich am Abend zuvor ein paar Drinks getrunken hatte. Ich ging an den Festivalständen vorbei und suchte nach einer Massage oder ähnlichem, irgendetwas, das mich vom Kater befreite. Als ich am Stand von Access Consciousness® vorbei kam, fragte eine der Damen, ob ich meine Bars laufen lassen wollte. Ich hatte keine Ahnung, was es bedeutete, meine Bars laufen zu lassen, aber ich sah den Massagetisch und sagte zu. Ich legte mich auf den Tisch und etwa eine halbe Stunde, nachdem sie meine Bars laufen ließ, begann ich zu weinen und zu weinen. Ich trug ein *Good-Vibes-for-You*-T-Shirt und jeder auf dem Festival wusste, wer ich war. Und hier lag ich, auf dem Tisch und weinte mir die Augen aus dem Kopf. Ich setzte mich auf und sagte: „Ich muss wieder an die Arbeit gehen!" Sie gaben Probesitzungen für 20 Dollar und als ich die Dame bezahlen wollte, sagte sie zu mir, es sei ein Geschenk. Es ging schon wieder um das Annehmen und ich weinte noch heftiger.

In diesem Moment kam Gary um die Ecke. Er schaute mich an, lächelte und fragte: „Soll ich dich noch einmal umarmen?"

Ich sagte: „Nein. Ja. Nein. Ich weiß nicht!"

Er umarmte mich und lud mich dazu ein, mit ihm zu einem Gespräch nach draußen zu kommen.

Ich sagte: „Nein! Ich weiß nicht. Ja. Nein."

Er sagte: „Es ist deine Wahl. Wenn du es wünschst, gehe ich mit dir nach draußen und wir unterhalten uns." Ich sah ihn an und sagte: „Okay." Während wir nach draußen gingen, liefen mir die Tränen die Wangen hinunter und ich machte mir Sorgen, dass dies kein positives Bild für *Good Vibes for You* vermittelte, das doch dafür steht, den Quotienten des Glücklichseins in der Welt anzuheben.

Gary saß über 40 Minuten mit mir zusammen und stellte Fragen. Er brachte mich an einen Punkt, wo ich alle anderen als wertvoll betrachtete - bis auf mich selbst. Er bat mich darum, mir anzuschauen und anzuerkennen, auf welche Weise ich andere Menschen als wertvoller als mich selbst erachtete, abgesehen von der Tatsache, dass es so aussah, als habe ich die Stärke und Macht, mein Leben und mein Geschäft zu entwickeln und zu erschaffen. Ich trug dazu bei, ihr Leben zu verändern und doch empfand ich Dankbarkeit, sie um mich zu haben. Ich war nie dazu bereit gewesen, das anzuerkennen. Unser Gespräch veränderte mein Leben um 180 Grad.

Am Abend gab Gary ein Seminar und so ging ich hin. Als ich zuhörte, dachte ich: „Wow, der Mann spricht von all dem, was ich mit *Good Vibes for You* erschaffen möchte, bis auf die Tatsache, dass er die Werkzeuge dazu hat." Es war das erste Mal, dass ich jemanden über die Veränderung sprechen hörte, von der ich wusste, dass sie in der Welt möglich war.

Zu dieser Zeit hielt ich mich für ein wenig durchgeknallt. Es war okay für mich, dass die Leute von mir sagten, ich sei ein Hippie, da ich dachte, so könnten sie mich annehmen, wie ich war. Und da war Gary, er war so adrett angezogen, es gab nichts Seltsames an seiner Erscheinung und er sprach über all die Dinge, von denen ich wusste, sie waren möglich und an die sonst niemand zu glauben schien.

Während des Seminars fluchte Gary oft. Ich war noch immer wütend und traurig über den Tod von Erin und meine Reaktion darauf war: „Oh, ich danke Gott, wenigstens einer hier ist echt." Das erlaubte es mir, noch genauer zuzuhören. Ich hatte nicht die Geduld, irgendetwas vorzutäuschen. Ich war so beeindruckt, dass ich beschloss, eine Woche länger in Sydney zu bleiben, da Gary am folgenden Wochenende einen zweitägigen Out–of–the–Box -Kurs gab. Es war November, unsere geschäftigste Zeit des Jahres. Ich rief meine Mitarbeiter in Brisbane an und sagte: „Ich komme nicht zurück."

Sie sagten: „Was meinst du damit, du kommst nicht zurück?"

Ich erklärte ihnen, dass ich eine weitere Woche in Sydney verbringen und bei einem Mann einen Access Consciousness® Kurs machen würde. Sie flippten aus, da ich alles in meinem Geschäft kontrollierte und ihnen nun erzählte, dass sie auf sich selbst gestellt sein würden und das während der geschäftigsten Zeit des Jahres. Sie fragten: „Was sollen wir tun?" Ich sagte, sie würden das schon schaffen. Das war das erste Mal, dass ich damit begann, meine Angestellten zu bestärken.

Außerdem sagte ich zu ihnen: „Wenn Ihr wollt, könnt Ihr auch an dem Kurs teilnehmen, ich bezahle die Flüge für euch." (Sie taten es nicht.) Ich ging zu dem zweitägigen Kurs von Gary. Ich hielt mich im hinteren Teil des Raumes auf, nahe der Tür, damit ich, falls nötig, abhauen konnte, wenn ich es wollte. Ich wollte mich mit nichts aufhalten und ich wollte nirgends bleiben, wo ich nicht wirklich sein wollte! Am Ende der zwei Tage hatte sich mein Leben komplett verändert. Gary hatte von allem gesprochen, was ich für wahr hielt. Alles, was er sagte, klang sinnvoll für mich. Ich erkannte, ich lag nicht falsch mit dem, wovon ich wusste, es ist möglich. Und keine meiner Entscheidungen war falsch. Das war das größte Geschenk dieses Kurses.

Ich erkannte den Wert, den Access Consciousness® für die Welt bedeuten könnte und mein Ziel war es von Anfang an, sicher zu stellen, dass jeder Mensch auf der Welt wissen sollte, dass es das gibt, um sich dafür entscheiden zu können. Nach dem Kurs sagte Gary zu meinem Freund, der gerade anfing, als Access Consciousness® Facilitator in Australien zu agieren: „Du solltest Simone um Unterstützung für den Aufbau deines Geschäfts mit Access bitten."

Mein Freund war ein hervorragender Facilitator, aber es war sehr schwer für ihn, sein Geschäft aufzubauen, da er keinen Sinn dafür hatte. Ich war erstaunt, als ich entdeckte, dass er nicht einmal eine E-Mail-Adresse hatte. So richtete ich ihm ein E-Mail-Account ein und begann damit, die E-Mail-Adressen der Leute in eine Kontaktliste zu übertragen. Ich schlug ihm vor, E-Mails zu versenden und die Leute anzurufen, wenn die Events feststanden. Dies war das erste Mal, dass mir bewusst wurde, dass nicht alle Menschen Geschäft als leicht empfanden oder gar als mit Freude erfüllt, so wie ich es tat oder dass sie ein Gefühl dafür hatten, was alles möglich ist.

Als Gary im folgenden Jahr wieder nach Australien kam, um den Kurs zu geben, habe ich den ganzen Kurs organisiert. Ich war der Host, buchte den Veranstaltungsort, die Unterkünfte, schrieb die Mailings, rief alle an und stellte den gesamten Kurs zusammen. Es war der größte Kurs, den sie jemals in Australien gehabt hatten.

Gary sagte: „Danke. Ich bin so dankbar." Und er fügte hinzu: „Ich glaube, ich schulde dir Geld."

Ich fragte: „Wofür?"

Er sagte: „Um die Ausgaben zu decken, die du für die Mailings hattest, die du verschickt hast." Und ich begann zu weinen. Da war es wieder – mein Thema mit dem Annehmen.

Gary lachte einfach nur.

Ich erklärte ihm, er könne nicht über mich lachen, da ich doch weinte und er sagte: „Doch, das kann ich, es ist lustig!" Dann schenkte er mir den Kurs und ich weinte eine ganze Stunde lang. Dieses Thema mit dem Annehmen hat meine ganze Welt auf den Kopf gestellt.

Kurz darauf fing ich an, Kurse und Seminare in Australien, Neuseeland und Asien für Gary und seinen Geschäftspartner Dr. Dain Heer zu organisieren. Eines Tages sprachen Gary und ich über die unterschiedlichen Aspekte von Access Consciousness und was ich in Australien und Asien so auf die Beine stellte. Er sagte: „Wir bräuchten jemanden wie dich in Amerika."

Ich schaute ihn an und sagte: „Nun, ich kann es machen."

Er fragte: „Wie wäre es für dich, weltweite Koordinatorin für Access Consciousness® zu sein?"

Mir klappte die Kinnlade hinunter: „Was meinst du damit?"

Er lächelte und wiederholte: „Wie wäre es für dich, weltweite Koordinatorin für Access Consciousness® zu sein?"

Ich fragte: „Was bedeutet das?"

Gary nannte mir etwa fünf unterschiedliche Dinge, die ich tun sollte.

Ich sagte: „Ich würde es lieben, das zu tun."

Gary suchte niemanden mit Businessreferenzen. Es ging ihm um die Energie, von der er wusste, dass ich sie in der ganzen Welt kreieren und erzeugen konnte. Er konnte Fähigkeiten in mir entdecken, die ich zu diesem Zeitpunkt nicht in mir sehen konnte.

Alles anzunehmen, bedeutet auch im besonderen Maße verletzlich zu sein und es beinhaltet die Großartigkeit, die jeder einzelne von uns sein kann. Als ich damit anfing, mich für meine Fähigkeit des Annehmens zu öffnen, wurde mir klar, dass ich bereit gewesen war, anderen die Werkzeuge zum Annehmen zur Verfügung zu stellen, aber ich darauf bestanden hatte, diejenige zu sein, die immer alles tat. Ich hatte es den Menschen nicht erlaubt, mir etwas zu geben.

Access Consciousness® hat das alles für mich verändert und das geschah nicht über Nacht. Access verändert noch immer meine Paradigmen, wenn es um das Annehmen geht und ich bin jetzt in der Lage, mehr anzunehmen und zu empfangen. Ich bitte immer darum, mehr in mein Leben zu bringen und ich bin auch in der Lage, andere zu begleiten, um deren Paradigmen zu verändern, wenn es um das Annehmen geht. Die Welt sieht sehr anders aus, wenn du offen dafür bist anzunehmen.

Die Bereitschaft des Annehmens

Die Geschichte, wie ich Gary traf, ist die lange Version, um zu sagen, dass deine Fähigkeit anzunehmen essenziell für den Erfolg deines Geschäftes ist. Annehmen bzw. empfangen beinhaltet deine Fähigkeit, alle guten Dinge im Leben anzunehmen und es geht noch viel weiter. Es beinhaltet auch deine Fähigkeit, alles anzunehmen - das Gute, das Schlechte, das Schöne und das Hässliche. Du musst Geld haben wollen und du musst gleichzeitig kein Geld haben wollen. Du musst bereit sein, Bewunderung, Anerkennung und Geschenke wirklich anzunehmen. Du musst bereit sein, Informationen und die Meinungen anderer Leute tatsächlich anzunehmen. Du musst bereit sein, Lob und Bestätigung wirklich anzunehmen und du musst bereit sein, Kritik und Urteile zu empfangen. Du musst bereit sein, dein Geschäft als erfolgreich anzunehmen und du musst bereit sein, dein Geschäft als nicht erfolgreich anzunehmen. Du musst bereit sein, tatsächlich alles zu empfangen, absolut alles und ohne auf das Endergebnis fixiert zu sein.

Wahres Empfangen ist immer immens tief, da es auch deine Fähigkeit der Wahrnehmung, des Wissens und auch des Seins beeinflusst. Sagen wir einmal, du hast dich dafür entschieden, dass du mit etwas Recht hast und du willst keine andere Informationen oder Ansichten annehmen. Du wirst nicht in der Lage sein, etwas über deinen eingeschränkten Standpunkt hinaus wahrzunehmen. Du kannst es nicht wahrnehmen und du hast dein Wissen abgeschnitten. Und wenn du dein Wissen abgeschnitten hast, dann hast du auch dein Bewusstsein abgeschnitten und deine Gegenwart und das ist es, was und wer du bist. Du kannst nicht du sein. Um im Geschäft erfolgreich zu sein, musst du in der Lage sein anzunehmen, wahrzunehmen, zu wissen und zu sein. Die Bereitschaft zum Annehmen ist der Schlüssel, um das zu können.

Bist du bereit, Dankbarkeit und Erfolg anzunehmen?

Eine Freundin hat eine Boutique in Queensland, Australien. Es ist unglaublich, was sie mit Leuten, deren Kleidung und Körpern machen kann. Sie weiß ganz genau, was ihre Kunden benötigen, um sich schön zu fühlen und auch so auszusehen. Sie gibt ihnen, mit den Kleidungsstücken, die sie aussucht, das Gefühl, absolut wundervoll zu sein. Meine Freundin ist eine große schöne Frau.

Sie hat einen tollen Körper und trägt großartige Kleider. Ihre Gaben waren so offensichtlich für mich und viele andere und doch war sie nicht in der Lage, es anzunehmen, wenn jemand das anerkennen wollte. Sie war sehr scheu und es schien, als wollte sie verstecken, wer sie wirklich ist.

Eines Tages fragte ich sie: „Warum erwähnen wir nicht deinen Laden und erzählen den Leuten in meinem Kurs, was du tust?" Sie verschränkte ihre Hände, ließ den Kopf hängen und sagte: „Oh, nein, ich könnte nicht vor die Teilnehmer treten und das tun." Sie konnte es nicht annehmen. Es war so einfach für sie, das zu tun, was sie tat, dass sie den Wert nicht erkannte und die Anerkennung und Dankbarkeit der anderen nicht annehmen konnte.

Seit sie die Werkzeuge von Access Consciousness® benutzt, ist ihre Bereitschaft, tatsächlich anzunehmen, gestiegen. Jetzt besitzt sie zwei Läden und hat mit ihrem eigenen Mode-Label begonnen. Sie betreut persönlich Kunden in der ganzen Welt in stilistischen Fragen. Seitdem sie bereit ist anzunehmen, hat sie eine Menge Erfolg. Bist du wie meine Freundin? Kannst du die Dankeschöns und die Wertschätzungen, die deine Mitmenschen dir entgegenbringen, wirklich annehmen? Bist du bereit, die Dankbarkeit anzunehmen, die die Menschen für dich und dein Geschäft haben, oder läufst du davor weg? Bist du bereit, Ruhm anzunehmen? Bist du wahrhaftig bereit, Erfolg anzunehmen?

Bist du bereit, Geld anzunehmen?

Über viele Jahre hinweg versuchte mein Vater, mir Geld zu geben und ich lehnte seine Angebote stets ab. Ich dankte ihm und erzählte ihm, ich bräuchte sein Geld nicht. Ich würde es ohne schaffen. Nachdem sich meine Bereitschaft anzunehmen erhöht hatte, akzeptierte ich schließlich seine Geldgeschenke und ich konnte sehen, wie glücklich und dankbar er war, dass ich es von ihm annehmen konnte. Ich hatte eine Bewusstheit darüber: „Wow! All die Jahre habe ich es nicht zugelassen, dass dies geschieht!" Ich realisierte, dass du, indem du nicht annimmst, die Freude am Geben stoppst. Du stoppst die Freude daran, ein Beitrag zu sein und du stoppst somit auch die Leichtigkeit in deinem Geschäft.

Wenn du erfolgreich im Geschäft sein willst, musst du bereit sein, Geld von jedem ohne Urteil anzunehmen. Du musst bereit sein, Geld von Menschen anzunehmen, die du bewunderst, und von Menschen, die du nicht magst. Was wäre, wenn du Geld und andere Wertgegenstände, wie ein Auto und einen neuen Computer, von überall und egal wo annehmen könntest? Und weißt du was? Du kannst es! Alles was du tun musst, ist darum bitten - und annehmen.

Vor nicht allzu langer Zeit suchte eine meiner Freundinnen ein Apartment in Los Angeles und wir fuhren durch drei unterschiedliche Wohnviertel. Wir schauten uns die Gegend an, um herauszufinden, wo sie vielleicht leben wollte. Das offenbarte sich als eine interessante Übung darin, wo wir bereit sind zu empfangen. Ich bin in einer Familie im gehobenen Mittelstand aufgewachsen. Als wir durch ein Wohnviertel fuhren, in dem die Häuser denen meiner Kindheit ähnelten, war meine Reaktion: „Ja, hier könnte ich leben!" Das war etwas, das mir vertraut war, und ich war bereit anzunehmen.

Als wir in einer sehr wohlhabenden Gegend mit Namen *Bel Air* waren, flüsterte ich: „Ist es uns erlaubt, hier zu sein?" Die Energie dort war mir fremd und ich fühlte mich unwohl. Es war die Energie von Millionen und Milliarden von Dollars und ich war nicht bereit, das anzunehmen.

Und schließlich fuhren wir in ein Wohnviertel, das weitaus weniger wohlhabend war und wieder bemerkte ich, dass ich mich unwohl fühlte. Ich dachte: „Ich würde niemals hier leben!" Ich war nur bereit, die Energie anzunehmen, die ich kannte und als angenehm empfand. Kannst du erkennen, wie die Unfähigkeit, die Energie von Millionen von Dollar anzunehmen, auch dein Geschäft beeinflussen könnte. Oder auch das Unbehagen gegenüber der Energie von weniger Geld, als du es gewohnt bist, deine Kunden vertreiben könnte? Bist du bereit, enorm reiche Kunden anzunehmen? Bist du bereit, Kunden anzunehmen, die ärmlich gekleidet sind? Bist du bereit, Tonnen von Geld anzunehmen? Oder überhaupt kein Geld?

Was bist du bereit anzunehmen?

Bist du bereit, Massen von Geld anzunehmen? Bist du bereit, geschätzt und angehimmelt zu werden? Bist du bereit, dass man dir hinterher giert und dass dies nicht nur ein paar wenige tun, sondern Tausende? Möchtest du, dass die Menschen deine Ideen stehlen wollen, deine Designs, deine Kunstwerke? Egal welche Energie es ist, die du nicht bereitwillig annehmen willst, es ist genau diese Energie, die Beschränkungen für dich, dein Leben, dein Geschäft und deine Finanzen erzeugen wird.

Wenn dein Geschäft nicht so erfolgreich ist, wie du es gerne hättest, prüfe, ob du bereit bist, alles absolut anzunehmen. Frage:

- ***Was bin ich nicht bereit anzunehmen?***
- ***Welche Energie war ich nicht bereit anzunehmen, die einen Erfolg jenseits aller Vorstellungen erzeugen würde?***

Wärst du bereit dies zu verändern – und dafür, diese Dinge anzunehmen?

(Es könnte deine Welt verändern!)

Deine Fähigkeit des Annehmens ist essenziell für dein Business.

Kapitel 3

BUSINESS BETREIBEN OHNE ZU BEWERTEN

Eine der größten Barrieren zu wirklichen Annehmen ist das Bewerten. Wenn du aus allen deinen Bewertungen und Schlussfolgerungen herauskommen kannst, wie etwas auszusehen hat, und einfach nur wahrnehmen und annehmen kannst, was vor dir liegt, wirst du weit größere Wahlmöglichkeiten in deinem Universum haben. Das bedeutet, aus der Wahrnehmung heraus zu handeln. Wahrnehmung ist leicht wie der Wind. Sie ist nichts Festes und verändert sich ständig.

Bewertungen, Gefühle, Entscheidungen und Schlussfolgerungen hingegen sind fest. Sie haben etwas damit zu tun, was du als gut oder schlecht betrachtest. Sobald du über etwas ein Urteil fällst, egal ob es eine positive oder eine negative Bewertung ist, schneidest du deine Fähigkeit ab, irgendetwas wahrzunehmen, das hinter dem Urteil liegt. Jede Bewertung, die du triffst, hält dich davon ab, alles das wahrzunehmen, was dem nicht entspricht. Wenn du zum

Beispiel dein Business als einen Misserfolg bewertest, wirst du dann in der Lage sein zu erkennen, was gut daran ist? Nein. Wenn du dein Business als perfekt bewertest, wirst du wahrnehmen können, was nicht funktioniert und was verändert werden muss? Nein. Jedes Mal trägst du Scheuklappen und du lässt die Informationen, die das Gegenteil deiner Bewertung darstellt, nicht an dich heran. Weißt du, was Scheuklappen sind? Pferde tragen Scheuklappen, damit sie sich während eines Rennens nur auf das Ziel konzentrieren. Die Scheuklappen halten sie davon ab wahrzunehmen, was alles um sie herum geschieht. Bist du also bereit, deine Scheuklappen abzunehmen und alle Möglichkeiten wahrzunehmen? Du kannst das, wenn du bereit bist, aus deinen Bewertungen und Urteilen herauszukommen und alles anzunehmen.

Welche Bewertungen hast du über dein Business?

In meinem Business fragen mich die Menschen oft: "Welche Zielgruppe hat *Good Vibes for You?*" Ich sage dann: „Nun, es ist für alle, die ihr Leben verändern wollen!“ Wie wäre es, wenn es keine Zielgruppe für dein Geschäft gäbe? Wie wäre es, wenn du diese Bewertung oder Projektion als Teil deines Businessmodells nicht hättest? Wie wäre es, wenn du einfach jeden annehmen könntest, dem du begegnest, egal ob er dir sagt, dass du niemals erfolgreich sein kannst oder ob es jemand ist, der in enormem Maße zu deinem Erfolg beigetragen hat?

Es mag wohl eine Zielgruppe oder ein Klientel geben, die eher dazu neigen, deine Produkte oder deine Dienstleistungen in Anspruch zu nehmen, aber wenn du aus der Überzeugung heraus denkst, dass dies deine Kunden sind, erlaubst du nichts und niemandem anderen, zu dir zu kommen. Wenn du ein Business auf eine bestimmte Zielgruppe projizierst und du nur an Frauen im Alter zwischen 15 und 25 Jahren verkaufen kannst, so ist das alles, was du zu deinem Business einlädst. Wenn du jedoch fragst: „Was wäre nötig, damit dieses Business eine Einladung für jeden wäre, dessen Wunsch es ist, sein Leben zu verändern?", so öffnest du den Raum für jeden, der kommen möchte.

Ist dir schon mal aufgefallen, wie du über ein Business und dessen Fähigkeit, erfolgreich zu sein, geurteilt hast? „Mit diesem Geschäft kann man doch kein Geld machen!" Das ist eine Projektion und eine Bewertung.

Warum fragst du nicht stattdessen:

- ***Was muss hier geändert werden?***
- ***Was könnten wir verändern?***
- ***Können wir es verändern?***
- ***Wie können wir es verändern?***

Kannst du wahrnehmen, wie Bewertungen die Energie abschneiden – und wie Fragen sie öffnen? Wenn du eine Frage stellst, öffnest du dich für ein größeres Gewahrsein und damit auch für mehr Möglichkeiten.

Hast du Bewertungen und Urteile darüber, was im Business möglich ist und was nicht? Vor vielen Jahren arbeitete ich mit einem Mann zusammen, der unter harten Bedingungen aufgewachsen war. Ein Ergebnis seiner Erfahrungen war, alles aus Entscheidungen und Bewertungen heraus zu tun. Er beschloss für sich so etwas wie: „Für Geld musst du hart arbeiten." Und wenn sich eine gute Gelegenheit offenbarte, pflegte er stets zu sagen: „Oh, das wird niemals geschehen!" Er stellte immer seine Bewertungen zwischen sich und dem, was auftauchte, und damit beendete er den Fluss dessen, was geschehen könnte. Wärst du bereit, die Energie aller Bewertungen und Urteile, die du getroffen hast, zu verändern und es den unendlichen Möglichkeiten zu erlauben, sich in deinem Leben und deinem Business auszubreiten?

Bewertest du deine Kunden und Klienten?

Wenn Menschen zu dir in dein Geschäft kommen, urteilst du dann sofort über sie? Bewertest du, wie sie aussehen? Entscheidest du darüber, wie viel Geld sie haben, wie wenig Geld sie haben oder wie viel Geld sie ausgeben werden? Fällst du ein Urteil darüber, mit welchen Kunden du Geschäfte machen möchtest und mit welchen du keine Geschäfte machen möchtest? Die meisten von uns neigen dazu, das zu tun, und es schränkt uns ungemein ein.

Ich erinnere mich daran, als ich mit einer Frau arbeitete, die Bodywork anbot und deren Business nicht wirklich gut lief. Sie fragte sich, warum sie nicht mehr Kunden hatte. Nachdem wir uns eine Weile unterhalten hatten, sagte sie: „Ich möchte nur mit Menschen, die bewusst und sich der Dinge gewahr sind, arbeiten." Wenn du eine derartige Bewertung triffst, wirst du ein kleines Business betreiben! Sie realisierte nicht, wie sehr ihr Urteil potentielle Kunden davon abhielt, zu ihr zu kommen. Wie kannst du von jemandem Geld annehmen, wenn du nicht in der Lage bist, die Person so anzunehmen, wie sie ist?

Interessante Sichtweise

Vor einigen Monaten, ermutigten mich ein paar Menschen, in einen Blog über Access Consciousness und darüber zu schreiben, was ich so alles auf der Welt machte. Ich entschied mich, es zu tun.

Ich wusste, meine Posts würden nicht jedem gefallen und dass ich ein paar Gegenreaktionen oder Kritiken erhalten würde. Trotzdem begann ich damit. Eine andere Bloggerin fing an, kritische Kommentare über einige meiner Posts zu verfassen.

Wenn jemand eine Bewertung über uns hat, tendieren wir dazu, entweder in Widerstand zu gehen und zu reagieren und wir sagen: „Wie kann er/sie das sagen?" Oder wir stimmen zu und bejahen es und sagen: „Weißt du was? Ich bin genauso im Unrecht (oder Recht), wie er/sie es sagt." Ganz wenige Menschen gehen ins Erlauben, was so viel bedeutet wie: **„Oh, das ist eine interessante Sichtweise."** Wenn du im Erlauben bist, lässt du die Bewertung einfach von dir abfallen.

Glücklicherweise begann ich nicht, durch die Bewertungen der anderen Bloggerin mich in Widerlegungen zu verstricken. Ich empfand keinen Widerstand und reagierte auch nicht darauf. Ich las die Kommentare und dachte: „Nun, das ist eine interessante Ansicht." Dann ließ ich es los. Ich wusste, ihre Bewertungen hatten nichts mit mir zu tun. Es ging dabei um die Frau selbst. Wenn du bereit bist, Urteile anzunehmen, kannst du das tatsächlich zu deinem Vorteil nutzen. Du weißt, aus welchen Beschlüssen heraus diese Person funktioniert und dass sie nicht annehmen möchte. Du kannst derartige Situationen sogar zu deinem Vorteil nutzen.

Wenn wir in Widerstand gehen und reagieren oder den Bewertungen der Menschen zustimmen und sie bejahen, werden unsere Reaktionen eine Ablenkung für unser Annehmen. Bist du jedoch bereit, eine Bewertung entgegen zu nehmen und selbst keine Ansichten darüber zu haben, kannst du über die Bewertung hinauswachsen. Wir können das Business kreieren und erzeugen, das wir wirklich wünschen.

Wenn du ein erfolgreiches Geschäft haben möchtest, musst du bereit sein, alles anzunehmen, was sich dir präsentiert, egal wie es aussieht. Du musst bereit sein, Bewertungen anzunehmen, nicht nur von anonymen Bloggern und weitläufigen Bekannten, sondern auch von deinen Geschäftspartnern und Kollegen. Wenn jemand dich bewertet, stelle Fragen, bitte um mehr Bewusstheit und fordere von dir selbst, im Erlauben zu sein, ganz gleich welcher Art die Bewertungen auch sind. Bewertungen sind nicht real. Wenn du sie als real abkaufst, stoppst du den Fluss in deinem Geschäft und die Möglichkeiten, die dir zur Verfügung stehen. Es ist wahrscheinlich einer der wichtigsten Fakten, die man über Bewertungen wissen sollte; sie sind nicht real. Sie basieren darauf, was die wertende Person nicht bereit ist anzunehmen.

Du musst bereit sein, alle Bewertungen anzunehmen, was bedeutet, du musst im Erlauben der Bewertung sein und diese als eine interessante Ansicht betrachten. Denn wenn du es nicht bist und zustimmst und es bejahst oder in Widerstand gehst und reagierst, erlaubst du der Bewertung den Fluss an Möglichkeiten jetzt und in der Zukunft zu stoppen. Es ist viel leichter, das Urteil einfach anzunehmen! Abgesehen davon ist jede Bewertung genau genommen sogar ein Beitrag zu deinem Business. Zum Beispiel wenn dich jemand als reich beurteilt, so wirst du mehr Geld kreieren. Wirst du als erfolgreich bewertet, so lädst du mehr Erfolg in dein Leben ein.

Das Neid-Syndrom

In Australien haben wir etwas, das wir das Neid-Syndrom nennen. Es wird nicht gerne gesehen, wenn du überragend bist und aus der Masse herausstichst. Man möchte nicht, dass du reich und erfolgreich bist, wenn du es nicht auf die harte Art und Weise geworden bist. Und wenn du es doch schaffst und mit Leichtigkeit enorm erfolgreich wirst, werden die Menschen dich gnadenlos bewerten und versuchen, dich wieder auf ihre Größe herunter zu ziehen. Viele Menschen versuchen nicht einmal etwas Großes, da sie durch das Neid-Syndrom nicht wieder zurecht gestutzt werden wollen.

Du fragst dich vielleicht: „Warum muss ich Bewertungen annehmen? Ich hasse es, bewertet zu werden!" Vielleicht denkst du, du kannst die Bewertungen einschränken, die du annehmen wirst, aber so funktioniert das nicht. Tatsache ist, wenn du nicht bereit bist, Bewertungen anzunehmen, wirst du auch deine Fähigkeit anzunehmen im Allgemeinen beschränken, was bedeutet, du wirst auch all die Dinge, die du gerne in deinem Leben möchtest, nicht annehmen – Geld eingeschlossen.

Der Clearing-Prozess

An dieser Stelle möchte ich dir den Clearing-Prozess vorstellen, den wir bei Access Consciousness® verwenden, damit du beginnen kannst, die Bewertungen, die du über andere, dich oder dein Business haben könntest, zu klären. Und so funktioniert es.

Wir beginnen mit einer einfachen Frage:

Welche Bewertung hast du realer gemacht als die unendlichen Möglichkeiten von dir selbst und deinem Business?

Es ist nicht notwendig, nach der Antwort auf diese Frage zu suchen. Du suchst nach einer Wahrnehmung, nicht nach einer Antwort. Die Wahrnehmung wird dir vielleicht nicht in Worten begegnen. Eventuell kommt sie als eine Energie oder ein Gefühl zu dir. Du wirst es vielleicht nicht einmal kognitiv wissen, was die Antwort auf die Frage ist. Es ist gleichgültig, wie sie zu dir kommt. Du musst nur die Frage stellen. Dann drückst du deine Bereitschaft dazu aus, die Energie, die die Frage hervorgebracht hat, vollständig anzunehmen (wenn du das tatsächlich möchtest), ebenso wie die Bereitschaft, sie zu zerstören und unzukreieren:

Alles was das ist, zerstöre und unkreiere ich, vervielfacht mit einer GottZillion.

Beim nächsten Schritt verwendest du das Clearing Statement. Das Clearing Statement löscht deine begrenzenden Sichtweisen, damit du andere Möglichkeiten in deinem Leben und in deinem Business hast. Es geht an den Punkt der Zerstörung (Point of Destruction, POD) oder an den Punkt der Kreation (Point of Creation, POC) der Gedanken, Gefühle und Emotionen, die du hattest, die der Entscheidung, der Bewertung, dem Urteil oder der Beschränkung direkt vorangingen. Es ist vergleichbar mit dem Herausziehen der untersten Karte aus einem Kartenhaus. Das Ganze fällt in sich zusammen. Es spielt keine Rolle, ob der Punkt der Zerstörung oder der Punkt der Kreation letzte Woche stattfand oder vor hundert Millionen Jahren. Das Clearing Statement geht an den Ursprung, an dem diese Sichtweisen erschaffen wurden und klärt die Entscheidungen, die du damals gefällt hast. Das geschieht energetisch, sobald du die Frage und das Clearing Statement verwendest.

Eine Möglichkeit, das Clearing Statement zu verstehen, ist, dass es sich hierbei um die Sprache der Energie handelt. Es spielt keine Rolle, ob dein Verstand den Sinn nachvollziehen kann, es genügt vollkommen, es zu tun. Wenn du alles mit deinem Verstand klären könntest, hättest du bereits alles, was du dir wünschst. Was auch immer dich davon abhält zu bekommen, was du dir wünschst, es ist nicht logisch. Es ist die verrückte Sichtweise, die wir zerstören wollen. Das Clearing Statement eliminiert jede Sichtweise, die du hast, damit du aus deinem Gewahrsein und deinem Wissen heraus funktionieren kannst.

Gewahrsein und Wissen sind das, was du in Wirklichkeit bist. Du bist ein unendliches Wesen und als ein unendliches Wesen bist du in der Lage, alles wahrzunehmen, alles zu wissen und alles anzunehmen. Du kannst aus dem völligen Gewahrsein und dem absolutem Bewusstsein heraus funktionieren, in allen Aspekten deines Lebens, wenn du dich dafür entscheidest.

Du kannst aus den Möglichkeiten, den Wahlmöglichkeiten, der Verwandlung, der Forderung und aus dem Beitrag heraus funktionieren. Du hast die Fähigkeit, allem was tatsächlich möglich ist, heute die Türe für dich, für dein Business, für dein Leben und für den Planeten zu öffnen. Wenn du bereit bist, als das unendliche Wesen zu funktionieren, das du wirklich bist, kannst du die Welt dazu einladen, sich zu verändern und dein Business expandieren. Und du kreierst mehr Freude, Fröhlichkeit und Dankbarkeit in deinem Leben und in deiner Lebensweise. Deswegen ist es so kraftvoll, wenn du deine Bewertungen klärst.

Das Clearing Statement

Nachdem du deine Bereitschaft ausgedrückt hast, die Energien, die die Frage hervorgebracht hat, anzunehmen, sagst du das Clearing Statement:

> *Right and Wrong, Good and Bad, POD and POC, All 9, Shorts, Boys and Beyonds.**

Du kannst das ganze Clearing Statement sagen, wie es hier steht – oder du sagst einfach nur: "Alles was das ist, POD und POC es." Oder: „Alles was ich in dem Buch gelesen habe." Das sammelt die Energie und beginnt, die Sichtweisen zu zerstören und unzukreieren. Probiere es aus!

Es werden dir noch viele Fragen in diesem Buch begegnen und vielleicht wirst du eine energetische Resonanz auf einige davon erhalten. Benutze das Clearing Statement, um die Energien, die hoch kommen, zu klären. Und denke daran, es geht um die Energie; es sind nicht die Worte. Energie kommt noch vor dem Wort. Mache es nicht bedeutend. Du klärst einfach nur die Energie und die Ansichten, die Beschränkungen oder die Urteile, die du erschaffen hast. Probiere es aus. Wenn es für dich funktioniert, großartig! Was ist das Schlimmste, das passieren kann? Oh! Es könnte dein gesamtes Business und dein Leben verändern. Es könnte dir mehr Geld bringen. Und es könnte dich fröhlicher machen!

Okay, bist du jetzt bereit für den Prozess? Es ist ganz einfach.

---

* Wenn du daran interessiert bist, was die Worte des Clearing Statements im einzelnen bedeuten, kannst du das im Glossar nachlesen.

Welche Bewertungen habe ich realer gemacht als die unendlichen Möglichkeiten von mir und meinem Business? Alles was das ist und überall wo ich das nicht annehmen wollte - vervielfacht mit einer GottZillion - zerstöre und unkreiere ich jetzt. Right and Wrong, Good and Bad, POD and POC, All 9, Shorts, Boys and Beyonds.

Andere bewerten

Würdest du gerne mehr deiner Bewertungen über dein Business und dein Leben klären? Hier ist eine großartige Frage, die du nutzen kannst, wenn du erkennst, dass du andere Menschen bewertest. Sie ist großartig, denn seit ewigen Zeiten haben wir alle das getan, wir sind das alles gewesen und wir haben bereits alles gemacht. Um etwas bewerten zu können, musst du es selbst getan haben oder gewesen sein. Wenn zum Beispiel jemand, mit dem du arbeitest, etwas sagt oder etwas tut und du bemerkst, dass du dies bewertest, frage:

Wo habe ich das zuvor auch getan oder wo bin ich das gewesen? *Alles was das ist - vervielfacht mit einer GottZillion – zerstöre und unkreiere ich jetzt. Right and Wrong, Good and Bad, POD and POC, All 9, Shorts, Boys and Beyonds.*

Deine Bewertungen halten dich davon ab,
alles anzunehmen, was möglich ist.

Kapitel 4

JEDE FRAGE ERSCHAFFT EINE MÖGLICHKEIT

Meine Freunde in Australien Chutisa und Steve Bowman haben viele ausgezeichnete Bücher verfasst, unter anderen *Conscious Leadership* und *Prosperity Consciousness*. Chutisa und Steve sind überall auf der Welt unterwegs und arbeiten mit Vorständen und Geschäftsführern vieler Firmen. Ihrer Ansicht nach kann man mehr Bewusstsein durch ein ganzes Unternehmen fließen lassen, wenn man bei der Führung damit beginnt. Sie haben beobachtet, dass hochgradig erfolgreiche CEOs immer wieder Fragen stellen. Diese CEOs gehen nie davon aus, Recht zu haben oder nehmen an, dass sie alle Antworten kennen. Ganz im Gegenteil, sie stellen die ganze Zeit Fragen. Eine Frage ist eine Einladung für neue Möglichkeiten, neue Informationen und neue Ansichten. Eine Frage erlaubt es, etwas anderem zu erscheinen, während dich eine Antwort in eine Sackgasse bringt. Die Antwort sagt: „Das ist es. Nein, danke. Nicht mehr."

Wenn Fragen von der Führung eines Unternehmens gestellt werden, wird ein Fluss und ein Sinn für Möglichkeiten eines jeden einzelnen erschaffen, denn jeder bringt etwas anderes in das Unternehmen ein. Wie wäre es, wenn du erkennen würdest, dass jede Person, die in deinem Unternehmen oder Business ist, aufgrund ihrer individuellen Wahrnehmung eine andere Perspektive einbringt? Wie wäre es, wenn du bereit wärst, die Wahrnehmung und den Beitrag jeder Person in deinem Business anzunehmen, anzuerkennen und dankbar dafür zu sein? Du könntest auch bereit sein, jede Person in deinem Leben anzunehmen, anzuerkennen und dankbar für sie zu sein, wie auch für den Beitrag, der sie für dich ist. Es würde wohl einiges für dich verändern.

Die Antworten haben

In den letzten Jahren habe ich immer wieder mit Menschen über die Geschäfte und Projekte gesprochen, mit denen sie zu tun hatten, und viele von ihnen haben den Standpunkt, wenn du ein Business betreibst, so musst du alles bis ins Detail ausarbeiten, bevor irgendetwas geschieht, anstatt es einfach loszulassen.

Das hat etwas damit zu tun, wie wir erzogen wurden. Uns wurde von klein auf beigebracht, dass wir immer auf alles eine Antwort haben müssen. Sobald wir in die Schule gehen, müssen wir die „richtigen" Antworten haben, damit wir in die nächste Klasse kommen. Aber im Business erfolgreich sein bedeutet nicht, Antworten zu haben, zu den "richtigen" Schlussfolgerungen zu kommen, vorauszusehen, was geschehen wird oder bestimmte Ergebnisse zu erzwingen. Es geht darum, die Frage zu sein. Du kannst dein Business und dein Leben erwecken, indem du Fragen stellst, deinem Wissen vertraust und eine Wahrnehmung dafür entwickelst, was sonst wohl noch möglich ist.

Hör auf zu denken – stelle Fragen

Übe dich in Fragen stellen, anstatt Antworten zu suchen, Beschlüsse zu fassen und Entscheidungen zu fällen. Wenn du eine Frage stellst, erhältst du sofort eine energetische Rückmeldung. Wenn du zum Beispiel eine Frage formulierst wie: „Wahrheit, wird mir das Geld bringen?", wird dadurch eine Energie hervorgerufen und du weißt, ob dies ein Ja oder ein Nein bedeutet. Die Energie geht dem Wort voraus und du weißt es augenblicklich. Die meiste Zeit über sind Menschen nicht bereit anzuerkennen, was sie wissen, und sie denken lieber nach, als zu fragen: „Wahrheit, was zeigt mir die Energie hier?" Sie zweifeln ihr Wissen an. Dann werden die Dinge ungenau. Anstatt darüber nachzudenken, kannst du eine Frage stellen. Sei bereit, deiner Wahrnehmung zu folgen, sei bereit, dem zu folgen, was du weißt und eine Wahl aufgrund deines Wissens zu treffen. Denke daran, **die Wahl erschafft Bewusstsein.**

Wenn du zum Beispiel darüber nachdenkst, jemanden einzustellen, kannst du fragen: "Wahrheit, werde ich mit dieser Person Geld verdienen?" Und du wirst sofort eine energetische Rückmeldung erhalten. Die Energie wird sich schwerer oder leichter anfühlen. **Wenn sich etwas schwer anfühlt, ist es in der Regel eine Lüge. Wenn es leicht ist, ist es normalerweise wahr.** Nutze dieses Werkzeug, wenn du Fragen stellst und Wahlen triffst, die dein Business betreffen. Wenn du der Energie folgst, wirst du wissen, was zu tun ist. Wenn du nicht fragst und nicht offen bist für eine Wahrnehmung, gehst du möglicherweise in deinen Kopf und fängst an nachzudenken. Du wirst vielleicht sogar versuchen, ein Ergebnis zu erzwingen und es ist noch gar nichts geschehen. Es ist wie der Versuch, sich vorzustellen, wie etwas funktionieren könnte, bevor du dem Ganzen die Möglichkeit gegeben hast, dir die Wahlmöglichkeiten zu zeigen. Vertraue mir, es ist viel leichter, der Energie zu folgen und Fragen zu stellen, als in deinen Kopf zu gehen und darüber nachzudenken.

Du, als ein unendliches Wesen, weißt alles. Es gibt nichts, was du nicht weißt. Hör auf, mit dem, was ich das Kopf-Trippen des Business nenne, und fange an, Fragen zu stellen, der Energie zu folgen und aus der Wahrnehmung und deinem Wissen heraus zu funktionieren. Du wirst mehr Spaß haben und du wirst vielleicht sogar mit Freude erfüllt in deinem Business sein.

Wenn es sich leicht anfühlt, ist es wahr. Wenn es sich schwer anfühlt, ist es eine Lüge.

Ich nutzte das Werkzeug Leicht & Schwer, als ich begann, in den USA geschäftlich tätig zu sein. Als ich anfing, wusste ich überhaupt nicht, wie man dort Business betreibt, also sprach ich mit Anwälten und Buchhaltern, um die Informationen zu erhalten, die ich benötigte. Ich hatte gedacht, Anwälte und Buchhalter wüssten alles, bis ich realisierte: „Wow, ich bekomme nicht nur keine Informationen, wie ich sie benötige, ich erhalte sogar gegensätzliche Auskünfte." Schließlich verstand ich: Das was dich leichter macht, ist die Wahrheit und was dich schwerer macht, ist eine Lüge. So sagte ich: „Okay, ich habe mit allen diesen Anwälten und Buchhaltern gesprochen und das hier erscheint sinnvoll und das fühlt sich für mich leichter an. Wenn ich das, was er sagt, mit einbinde, was würde das erschaffen? Würde es die Veränderung mit sich bringen, die ich mir wünsche? Auf diese Weise zu wählen, ist ganz anders als linear zu denken und nach Antworten zu suchen. Tatsächlich ist es leichter und macht mehr Spaß. Das ist die Freude im Business! Du musst selbst gar nicht alles wissen, du musst nur bereit sein, Fragen zu stellen.

Dein Verstand kennt nur, was bereits schon mal gemacht wurde

Dein Verstand kennt nur, was zuvor bereits schon mal gemacht wurde, also beschränkt er deine Auffassung auf das, was möglich ist. Wenn du nach Dingen fragst, die über das hinausgehen, was du dir jemals vorgestellt hast, wer weiß, welche Möglichkeiten sich dir dann präsentieren? Manchmal wenn du eine Frage stellst, tauchen auf einmal Dinge im physischen Universum auf. Du fragst: **„Was wäre nötig, damit mein Business weiter expandieren kann?"** Und boom! Etwas oder jemand taucht auf. Vielleicht ist es jemand, der zwei Millionen Euro in dein Business investieren möchte. Vielleicht ist es ein bekannter Produzent, der dir helfen möchte, deine Gesangskarriere voran zu bringen. Vielleicht taucht auch etwas auf, das überhaupt nicht wie dein Business aussieht. (Denke daran, du musst bereit sein, es anzunehmen.)

Eine Frage kann alles verändern

Nutze Fragen in allen Bereichen deines Lebens – in deinem Business, in deinen Beziehungen und mit deinem Geld. Du solltest die Fragen mit einer Offenheit für unendliche Möglichkeiten stellen und der Bereitschaft, alles und jeden anzunehmen, ohne nach einer Entscheidung zu greifen, wie die Antwort aussehen könnte. Was wäre nötig, damit du offen und bewusst für die unendlichen Wahlmöglichkeiten und die unendlichen Möglichkeiten bist?

Auf ein Resultat fixiert sein

Wenn du auf ein Resultat fixiert bist, hast du eine Antwort oder ein Ergebnis, wie du es gerne hättest. Du legst deinen Fokus darauf und schaltest deine Wahrnehmung für alles weitere aus. Du wirst wie ein Rennpferd mit Scheuklappen. Du kannst die Informationen und Geschenke, die das Universum dir anbietet, nicht mehr erkennen und annehmen. Du kannst nichts erkennen, das nicht zu dem Ergebnis passt, auf das du deinen Fokus gelegt hast. Eine wundervolle Möglichkeit könnte sich präsentieren und sie würde hinter dem liegen, was du wahrnehmen kannst. Dies geschah einem Freund von mir. Er hatte mehrere erfolgreiche Unternehmen. Er nutze Fragen und die Magie erlaubte es ihm, mehr zu erschaffen und zu generieren, als er selbst für möglich gehalten hatte. Aber kürzlich gründete er ein neues Geschäft, und er war *sehr* daran interessiert, es erfolgreich zu machen und er hatte bei weitem nicht den gewohnten Erfolg damit. Warum geschah das? Er war so sehr auf das Resultat fixiert, dass er nicht länger in der Lage war, tatsächlich zu sehen, was noch möglich war.

Fragen öffnen die Tür zu Möglichkeiten

Wir haben vor kurzem ein interessantes Urteil über unsere Wasserflaschen von *Good Vibes* gefällt. Wir wollten die PET Plastikflaschen gegen vollständig biologisch abbaubare Flaschen ersetzen und wir glaubten, die Großhändler würden unsere Veränderung begeistert unterstützen. Die neuen Flaschen sind teurer als die konventionellen. Wir gingen aber davon aus, dass unsere Kunden bereit wären, ein wenig mehr für Wasser in biologisch abbaubaren Flaschen zu bezahlen als eine Art Beitrag für den Planeten. (Beachte, wir stellten keine Fragen. Wir gingen direkt zu der Antwort und fällten ein Urteil.) Wir erwarteten, die Kunden würden vor Freude in die Luft springen über diese Veränderung. Wir erwarteten Feuerwerke der Freude und eine Blaskapelle die spielen würde. Juhu! Hurra!

Jedoch war das nicht die Art und Weise, wie unsere Großhändler reagierten, wir mussten feststellen, dass ihnen der Preis weitaus wichtiger war. Am Ende erkannten wir, wir hatten es einfach beschlossen und nun waren wir bereit, die Einstellung der Großhändler mit in Betracht zu ziehen, mehr Fragen zu stellen, und (zur gleichen Zeit) das nicht aufzugeben, von dem wir wussten, dass es möglich war. (Beschließe niemals, dass du gescheitert bist.) Wir gaben unsere Bewertung darüber, wie die Öffentlichkeit unser Produkt annehmen würde, auf und stellten Fragen: „Was müssen wir hier verändern? Was müssen wir dem noch hinzufügen? Mit wem müssen wir reden? Welche Informationen benötigen diese Personen?" Diese Fragen öffneten die Tür für ein paar neue Möglichkeiten für uns. Seitdem haben wir Kontakt zu einigen Unternehmen, die dankbar für die Verfügbarkeit von Wasser in biologisch abbaubaren Flaschen sind.

Eine Behauptung mit einem Fragezeichen am Ende

Manchmal beschließen Menschen etwas, das in ihrem Geschäft zu geschehen hat – und dann versuchen sie, ihre Entscheidung in eine Frage umzuwandeln. Das ist eine Behauptung mit einem Fragezeichen am Ende. Das bringt dich nicht weiter. Du wirst an demselben Ort bleiben, an dem du immer warst. Das liegt daran, dass du zu einem Beschluss gelangst und eine Entscheidung fällst. Damit stoppst du die Energie – und alles im Universum ist Energie. Wenn du jedoch eine unendliche Frage stellst, bestärkt dich das und lädt alles ein, was möglich ist.

Vor kurzem sprach ich mit einer Frau, die genug von den trägen Phasen in ihrem Einzelhandelsgeschäft hatte. Ich fragte sie: „Welche Frage kannst du hier stellen?" Sie antwortete: „Was wäre nötig, damit Menschen in meinen Laden kommen und Geld ausgeben?" Das ist eine Aussage an deren Ende ein Fragezeichen gehängt wurde. Sie hatte sich dafür entschieden, ihre Antwort seien Menschen, die in ihr Geschäft kommen und Geld ausgeben – und dann hatte sie versucht, die Entscheidung als Frage zu formulieren.

Ich schlug ihr vor: "Eine wesentlich expansivere Frage wäre, Wen oder was könnte ich zu meinem Business hinzufügen, was sofort und in der Zukunft Geld einbringen würde?' Damit eröffnen sich die Möglichkeiten, nicht nur die Möglichkeiten von heute, sondern auch die, die in der Zukunft liegen. Wer weiß, was sich zeigen wird? Vielleicht taucht jemand auf und bietet dir doppelt so viel für dein Business, als es wert ist. Vielleicht kommt auch jemand, der aus deinem Business ein Franchise-System machen möchte und es weltweit vermarkten möchte!"

***Es bestehen unendliche Möglichkeiten.
Alles ist möglich.***

Was sollte ich als nächstes tun?

Wenn es in deinem Business einen Moment gibt, in dem du dich fragst "Was soll ich als nächstes tun?", dann stelle Fragen! Fragen sind unerlässlich. Wenn du erkennst, dass du oder dein Business feststecken, kannst du fragen:

- *Welche Information fehlt mir?*
- *Mit wem muss ich sprechen?*
- *Wo müssen wir sein?*
- *Braucht das Business eine Veränderung?*

- ***Was können wir heute einrichten, um für jetzt und in der Zukunft mehr zu erschaffen?***
- ***Welche Magie kann sich mir und meinem Business heute zeigen?***
- ***Wie wird das noch besser?***
- ***Wo sind wir nicht bereit, mit und als das Business, etwas zu tun, zu sein, zu haben, zu kreieren und zu erzeugen, das, wenn wir es tun oder sein würden, mehr Möglichkeiten einladen würde, als wir es jemals für möglich gehalten haben? (Nutze das Clearing Statement am Ende dieser Frage.)***

Wenn du dazu bereit bist, aufmerksam zu sein und zuzuhören, wirst du die Information bekommen, die du benötigst.

Ein weiterer großartiger Moment, diese Fragen zu stellen, ist, wenn du bemerkst, dass du Dinge aufschiebst. Was wäre, wenn alles, was du benötigst, einfach mehr Informationen sind? Immer wenn sich dein Business festgefahren anfühlt, benötigst du mehr und andere Informationen. Stelle mehr Fragen.

Das Universum möchte dein Freund sein. Es möchte dich unterstützen. Es liebt es, wenn du Fragen stellst. Es sagt: "Ja! Du stellst mir Fragen und du bist bereit zu empfangen." Es gibt einen alten Film, in dem einer der Darsteller erzählt, dass das Universum ein Bankett ist und dass es Menschen gibt, die verhungern. Das Bankett ist direkt vor dir. Alles was du tun musst, ist Fragen stellen und bereit sein, mehr anzunehmen.

Fragen bestärken. Antworten schwächen.

Nutze Fragen, um das anzuerkennen, was du kreierst und generierst

Immer wenn etwas in deinem Business gut läuft oder du das Gefühl hast, erfolgreich zu sein, erkenne es an. Wie du das machst? Es gibt zwei Möglichkeiten.

Die erste ist, dankbar zu sein! Sei dankbar für alles, was sich dir in deinem Leben zeigt. Sei dankbar für jeden Euro, den du und dein Business verdienen, sei dankbar für alles, was Erfolg hat.

Die zweite Möglichkeit ist, Fragen zu stellen. Geh' nicht in Schlussfolgerungen, indem du sagst: „Wow, das hat gut geklappt." Stattdessen kannst du folgende Fragen stellen:

- ***Wie wird das noch besser?***
- ***Was ist sonst noch möglich?***

Fragen wie diese laden mehr Erfolg ein. Aussagen wie „Das war großartig!" bedeuten Stillstand. Sie eröffnen keine neuen Möglichkeiten. Worin liegt der energetische Unterschied zwischen den Sätzen „Wow, das war der tollste Sex, den ich jemals hatte!" und „Wow, wie wird das noch besser?" Welche der beiden Aussagen lädt mehr Möglichkeiten (und mehr großartigen Sex) ein? Welche der beiden hindert die Energie daran, weiter zu fließen? Mit anderen Worten: Wie bekommst du mehr von den guten Dingen im Leben? Stelle Fragen!

Stelle nicht nur Fragen, wenn die Dinge sich nicht so entwickeln, wie du es gerne hättest. Stelle Fragen, ganz gleich, was geschieht. Warum du das tun sollst? Du bittest damit das Universum, dir noch einen Beitrag zukommen zu lassen, der sogar noch größer ist als du selbst!

Eine meiner Freundinnen reiste geschäftlich nach Paris und da sie es sich gewünscht hatte, entschied sie sich dafür, die letzte

Nacht in einem schönen fünf Sterne Hotel zu verbringen. (Das Schlüsselwort hier ist „entschied". Sie hatte beschlossen, was geschehen würde und das stoppte den Energiefluss.) Sie ging in das Hotel und fragte nach einem Zimmer. Der Mann an der Rezeption entschuldigte sich und erklärte ihr, er habe keine freien Zimmer.

Sie hätte das Hotel nun enttäuscht verlassen können, aber an dieser Stelle entschied sie sich dafür, eine Frage zu stellen und die Geschichte entwickelte sich weiter. Sie stand an der Rezeption und fragte: „Wie wird es noch besser?"

Der Mann an der Rezeption sagte: „Es tut mir leid."

Meine Freundin fragte wieder: „Nun, wie wird es noch besser?"

Der Mann sagte: „Einen Moment, bitte. Ich werde mit dem Manager sprechen."

Der Manager kam und fragte sie, was sie gerne hätte und sie erzählte, es wäre ihre letzte Nacht in Paris und sie suchte ein Zimmer. Er sagte: „Es tut mir leid, wir sind ausgebucht."

Und wieder fragte sie: „Wie wird es noch besser?"

Es schaute sie an, dann sah er im Computer nach und sagte: „Nun, das einzige Zimmer, dass wir heute Nacht noch frei haben, ist die Penthouse-Suite." Er schwieg für einen Moment und sagte dann: „Wir können sie Ihnen für eine Nacht zum Preis eines Standard-Zimmers geben."

Mit einem breiten Lächeln im Gesicht fragte meine Freundin wieder: „Wie wird es noch besser?" Sie bekam die Suite und eine Flasche Champagner, die man ihr auf das Zimmer brachte! (Tja, wie wird es noch besser?)

Du kannst diese Frage in jeder Situation verwenden. Der Verkaufsleiter eines Unternehmens, das Waschmaschinen in Neuseeland verkauft, lernte dieses Werkzeug kennen und brachte es seinen Mitarbeitern bei. Er empfahl ihnen, bei jedem getätigten und nicht gelungenen Verkauf einfach die Frage zu stellen: „Wie wird es noch besser?“ Das Personal tat es und innerhalb von sechs Monaten verdoppelte das Unternehmen seine Umsätze. Jeder war erfreut über den Erfolg und die Umsätze, was noch mehr Freude in diesem Unternehmen kreierte. Wenn du ein Umfeld erschaffst, in dem die Menschen in der Frage leben und bereit sind, alles anzunehmen, verändern sich die Dinge sehr schnell und die Menschen haben Freude daran. Das ist die Freude im Business.

Es spielt keine Rolle, ob du eine Dienstleistung oder Produkte verkaufst. Stelle eine Frage nach jedem getätigten Verkauf (und auch jedes Mal, wenn du nichts verkauft hast) und beobachte, was geschieht. Durch das Fragenstellen erlaubt man so viel mehr, was sich zeigen darf. Du kannst auch folgende Fragen ausprobieren:

- ***Welche Magie kann ich heute in meinem Business kreieren?***
- ***Was wäre nötig, damit mehr Geld erscheint, als ich jemals für möglich gehalten habe – heute und in der Zukunft?***

Wenn du bereit bist, es geschehen zu lassen, werden unerwartete Dinge aus verschiedenen, scheinbar zufälligen Richtungen auftauchen.

Du musst jede Möglichkeit anerkennen, die mit deinen Zielen übereinstimmt, die du dir für dein Business, dein Projekt, dein Produkt oder was auch immer es ist, gesteckt hast. Niemand wird das für dich tun. Sitze nicht einfach herum und warte darauf, dass jemand kommt und dir erzählt, wie toll du bist und was für einen brillanten Job du gemacht hast. Erkenne selbst an, was du kreierst und generierst. Wenn du zum Beispiel Access Consciousness® Facilitator bist und mit Menschen arbeitest, ist es so ein großes Geschenk, wenn jemand sich verändert und andere Möglichkeiten erkennt. Du musst es für dich selbst wertschätzen, dass du das ermöglichst. Jedes Mal, wenn du einen „Erfolg" hast, frage: „Wie wird es noch besser?" oder „Was ist sonst noch möglich?". Wenn du das für dich selbst tun kannst, wird sich alles für dich und für alle um dich herum ausdehnen. Es ist leicht und einfach.

Das Universum ist Überfluss. Es möchte dich beschenken. Du trittst in den Überfluss des Universums ein, wenn du eine Frage stellst.

Kapitel 5

REALITÄT UND ENTRAINMENT

Glaubst du an das Unmögliche?

In Lewis Carolls Buch *Alice hinter den Spiegeln*, sagt Alice zur Weißen Königin: „Man kann nicht an unmögliche Dinge glauben."

Die Weiße Königin antwortet: „Warum? Manchmal glaube ich bereits vor dem Frühstück an sechs unmögliche Dinge."

Ich liebe die Antwort der Königin. Sie drückt die Freude, die Wahlmöglichkeiten und den Spaß aus, den du in deinem Business und in deinem Leben haben kannst. Uns wird beigebracht, dass wir in einer Realität leben müssen, die aus den Ideen und eingeschränkten Ansichten anderer Leute besteht, die wiederum bestimmen, was möglich ist. Es wird uns beigebracht, dass wir aufhören zu träumen. Wir werden dahingehend konditioniert, nicht an „unmögliche" Dinge zu glauben.

Entrainment

Wenn du mehrere Uhren zusammen in einem Raum aufstellst und alle diese Uhren unterschiedlich ticken, werden sich diese Uhren nach einer gewissen Zeit synchronisieren und damit beginnen, im gleichen Rhythmus zu ticken. Das nennt man Entrainment. Das ist es, was auch wir tun. In unserer Kultur stellen wir uns auf jeden und seine Realität ein, bei unserer Arbeit oder was auch immer wir tun. Wir glauben an das, was andere glauben und wir tun die Dinge so, wie die anderen sie tun. Für die meisten Menschen ist es bequem, sich durch das Entrainment auf andere einzustellen und dies als eine Quelle der Verbindung und der Realität im Business zu nutzen. Aus diesem Grund tun sie es.

Sobald du am Morgen aufwachst, bist du bereits darauf „eingestellt", was du essen wirst, was du bist, was du anziehen wirst, in welchen Zeiträumen du dich deinem Business widmest, wie viel Geld du verdienst, oder wie viel du nicht verdienst! Erschaffst du deine Finanzen, damit du genau zu dem passt, was alle anderen tun, damit du so sein kannst wie alle anderen? Wenn dem so ist, operierst du aus einer sogenannten kontextbezogen Realität.

Kontextbezogene Realität

Die kontextbezogene Realität ist das, worauf wir trainiert oder konditioniert wurden. Sie basiert auf Zeit, Dimensionen, Realität und Materie. Das sind die Dinge, die wir in der kontextbezogenen Realität real machen. Aber in Wahrheit, existiert Zeit tatsächlich oder ist sie eine Erfindung? Sie ist etwas, das wir erschaffen haben. Das Gleiche gilt für die Dimensionen, die Realität und die Materie. Sie sind alle zusammen Erfindungen und beruhen auf der Art und Weise, wie unsere Wahrnehmung trainiert oder eingestellt wurde.

Sie basieren nicht auf der Magie dessen, was sich zeigen kann. Sie basieren nicht auf dem, was wirklich möglich ist.

Wenn du aus einer kontextbezogenen Realität heraus agierst, versuchst du, etwas zu finden, wo du hineinpasst, wovon du profitieren kannst, wo du gewinnst und wo du verlierst. Die kontextbezogene Realität sagt dir, wo du hineinpasst oder wo sich deine Nische befindet und du kannst nichts anderes machen. Sie zeigt dir, wie du zu kalkulieren hast, damit dein Business profitabel ist und wie du deinen Erfolg abstimmst, aufgrund dessen, was auf deinem Bankkonto ist.

Nicht kontextbezogene Realität

Wie wäre es, wenn du die Spur wechseln würdest, in ein anderes Universum wechseln könntest, und aus einer ganz anderen Realität heraus funktionieren würdest als von der, in die du dich hineinkonditioniert hast? Du kannst es tun. Du kannst aus einer nicht kontextbezogenen Realität heraus agieren. Wie wäre es, wenn du Energie, Raum und Bewusstsein wahrnehmen würdest, anstatt dich danach zu richten, was in Bezug auf Zeit, Dimensionen, Realität und Materie möglich ist? Wie wäre es zu wissen, dass alles Bewusstsein hat, auch der Stuhl, auf dem du sitzt? Alles hat Bewusstsein. Alles ist Energie. Und dann ist da noch Raum. Ah….Raum. Raum ist Wirklichkeit erfüllt mit Wahlmöglichkeiten und Fragen.

Wenn du aus der nicht kontextbezogenen Realität heraus operierst, gibt dir das die produktive Fähigkeit, Dinge weit über die Grenzen von Zeit, Dimensionen, Materie und Realität hinaus zu erzeugen. Die nicht kontextbezogene Realität geht weit über jegliche Vorstellung hinaus. Sie geht über den logischen Verstand hinaus, über die Anhaltspunkte, über das, was jemals jemand zuvor getan hat. Sie geht weit über das hinaus, was du oder ich jemals für möglich gehalten haben. Sie hat keine Form, keine Struktur, keine Signifikanz und keine Geschichte. Wenn du aus der nicht kontextbezogenen Realität heraus operierst, stellst du Fragen. Du funktionierst aus deinem Wissen heraus.

Gefühle basieren oftmals auf einer kontextbezogenen Realität

Anstatt aus ihrer Wahrnehmung heraus zu agieren, vertrauen manche Menschen ihren intensiven Gefühlen, die es ihnen erlauben, die richtige Antwort zu „fühlen", wenn sie zum Beispiel eine Investition tätigen oder ein Grundstück kaufen. Sie verlassen sich auf ihre Begeisterung oder ein anderes intensives Gefühl, das ihnen sagt, dies ist die richtige Entscheidung. Im Grunde genommen nutzen sie eine Bewertung, um eine Entscheidung zu treffen. Diese Gefühle entspringen oft einer kontextbezogen Realität. Mit anderen Worten, sie basieren auf der Vorstellung von Gewinnen, Verlieren, Hineinpassen oder Profitieren. Mein Vorschlag hier ist: Es gibt eine andere Möglichkeit, wie man dies angehen kann. Es gibt die Möglichkeit für dich, aus deiner Wahrnehmung von Energie, Raum und Bewusstsein zu funktionieren. Es ist möglich, aus deinem Wissen heraus zu operieren, anstatt aus deinem Verstand und aus deinen Gefühlen heraus.

Ich lade dich ein, dich nicht in deine Komfortzone oder ein Entrainment zu begeben. Und anstelle dessen lade ich dich dazu ein, an den Ort zu gehen, wo du deiner eigenen Wahrnehmung, was wirklich möglich ist, folgen kannst. Was würde geschehen, wenn du bereit wärst, dir selbst, deiner Wahrnehmung und deinem Wissen vollständig zu vertrauen? Stell dir vor, wie sich dein Business gestalten würde, wenn du dir selbst einfach nur vertrauen würdest. Wäre mehr Geld vorhanden oder weniger? Gäbe es mehr Freude oder weniger Freude? Mehr Spaß oder weniger Spaß?

Übrigens – Bewusstheit ist nicht bequem. Möglicherweise ist das der Grund, warum es so viele vermeiden.

Wie wäre es, wenn du dein Business so erschaffen würdest, wie du es weißt, dass du es gestalten kannst? Wenn du nicht aus dem Entrainment als Ursprung deines Geschäftsmodells heraus operierst, so wäre dein Business eine Kreation, die dich reflektiert. Du hättest keine Konkurrenz, ganz gleich ob du eine Boutique, einen Handel mit Wasserflaschen oder ein Immobilienmaklerunternehmen hast. Wenn du dir selbst vertrauen würdest, wäre das Business, das du kreierst, komplett anders als alle anderen. Du würdest nicht nach außen schauen, um zu wissen, wie du dein Business zu führen hast.

Was, wenn Zeit, Dimensionen, Realität und Materie, Elemente sind, die du manipulieren und nutzen kannst, statt die Eckpfeiler dieser Realität? Nutze sie, wenn du mit Menschen arbeitest, die aus einer kontextbezogenen Realität heraus operieren – aber lass dich nicht von ihnen limitieren. Wechsle die Universen! Operiere in einer völlig anderen Realität. Ich weiß, dass du weißt, was ich meine!

Sechs unmögliche Dinge

Zu Beginn dieses Kapitels zitierte ich die Aussage der Weißen Königin: „Warum, manchmal glaube ich bereits vor dem Frühstück an sechs unmögliche Dinge." Für die untenstehende Übung, habe ich mit dieser Aussage gespielt und aus *Ich glaube an sechs unmögliche Dinge* habe ich *Ich kreiere sechs unmögliche Dinge* gemacht.

Hast du jemals unmögliche Dinge kreiert? Warum nicht? Ich lade dich dazu ein, herauszutreten aus dem, was man dir beigebracht hat zu sein, zu tun, zu haben und zu glauben, und dich selbst zu fragen: Was sind die sechs unmöglichen Dinge, bei denen ich entschieden habe, dass ich sie heute in meinem Business nicht erschaffen kann?

Schreibe deine Antworten auf:
1 ....
2 ....
3 ....
4 ....
5 ....
6 ....

Nun betrachte jede deiner Antworten und frage:

- ***Ist es wirklich wahr, dass dies unmöglich ist?***
- ***Was muss ich verändern, wählen oder einrichten, damit sich das zeigt?***
- ***Was muss ich meinem Business, meinem Leben, meiner Lebensweise und meiner Realität hinzufügen, damit sich dies zeigt?***

Schreibe sechs weitere unmögliche Dinge auf:
1 ....
2 ....
3 ....

4 ....

5 ....

6 ....

Was hast du entschieden ist unmöglich mit Business, deinem Geld, deinem Leben, deiner Realität, deinen Finanzen, deinen Zahlungsmitteln und deinen Cash Flows? Alles was das ist, Wahrheit, zerstörst und unkreierst du das alles jetzt, vervielfacht mit einer GottZillion? Right and Wrong, Good and Bad, POD and POC, All 9, Shorts, Boys and Beyonds.

Welche Magie könnte sich heute für dich und dein Business zeigen? Wäre dein Business einfacher, wenn du ihm erlauben würdest, magisch zu sein?

Das Königreich des Wir

In einer kontextbezogenen Realität dreht sich das Business meistens um Konkurrenz und Gewinnen. Konkurrenz wird als ein wesentlicher Bestandteil im konventionellen Business angesehen. Unternehmen konkurrieren miteinander um die gleichen Kundengruppen und intensive Konkurrenz zwischen Angestellten oder zwischen einzelnen Abteilungen wird gefördert. Die Menschen glauben, um im Business erfolgreich zu sein, müssen sie ihren Konkurrenten das Herz heraus reißen und alles nur Mögliche tun, um zu „gewinnen". Sie glauben, dies sei der Weg, um erfolgreich zu sein.

Ich würde hier gerne eine andere Vorgehensweise offerieren, die sich das Königreich des Wir nennt. Im Königreich des Wir sitzen wir alle im gleichen Boot. Wir ziehen alle an einem Strang. Es geht dabei nicht um dich als ein Individuum. Die wahre Kraft im Königreich des Wir besteht in der Möglichkeit, für dich zu wählen, was für dich *und* alle anderen passend ist. Es geht um uns, die Wesen, die wir sind, und was wir uns wünschen zu erschaffen.

Hier geht es um ein viel größeres Ganzes. Es geht nicht darum, dass wir ein Team sind, das nach den gleichen vorgegebenen Regeln zu spielen hat oder nach dem, was von uns erwartet wird, sondern das wir alle in der Lage sind, ein Beitrag für etwas zu sein, was viel größer sein könnte.

Wie wäre es, wenn du aus dem Beitragsein im Business agieren würdest? Wie wäre es, wenn jedes Business auf diesem Planeten für jedes andere Business ein Beitrag sein könnte? Wie wäre es, wenn du die Frage stellen würdest, ob du ein Beitrag für andere in deinem Business sein kannst und welchen Beitrag das Business für dich sein kann? Was wäre, wenn du bereit wärst, für das Business anderer Menschen ein Beitrag zu sein? Das bedeutet nicht, dass du deinen Laden verschenken musst; es bedeutet nicht, dass du deine Ideen oder deine Designs verschenken sollst. Es bedeutet, wenn du bereit bist, für alle und alles ein Beitrag zu sein, kann alles zu deiner Expansion beitragen. Wenn du für alle Unternehmen ein Beitrag bist, auch für diejenigen, die anderen Menschen gehören, wird das Universum ein Beitrag für dich sein. Wenn das Beitragsein und die Großzügigkeit des Geistes zu der Art und Weise werden, die Grundlage dafür ist, wie du in deinem Geschäft operierst, wird die Konkurrenz sich verabschieden. Es geht darum, jenseits der kontextbezogenen Realitäten zu agieren.

Engagiere das Universum

In einem meiner *Freude im Business*-Kurse sagte jemand zu mir: „Ich habe immer hart gearbeitet und ich hatte viele Jobs. Ich war Barkeeper und ich habe in der Fabrik gearbeitet. Kürzlich habe ich mich dafür entschieden, hinaus zu gehen und mein eigenes Business zu starten. Jedoch ganz gleich was ich auch tue, ich scheine nicht voranzukommen. Ich suche ständig nach jemandem, der mir sagt, was ich tun soll, denn ich bin so daran gewöhnt."

Ich fragte ihn: „Was wäre, wenn du das Universum engagiertest und es darum bitten würdest, ein Beitrag für dich zu sein?" Versuche es mit der Frage: **Welche Energie, welcher Raum und welches Bewusstsein können mein Business und ich sein, was es uns erlaubt, das Universum für alle Ewigkeit zu engagieren?**

Das Universum ist da, um dich zu unterstützen.
Wenn du um etwas bittest ... wird es dir gebracht.

Hier sind ein paar Fragen, die dir dabei helfen werden, deine Fähigkeit und deine Bereitschaft zu entwickeln, Beitrag zu sein für alles im Universum (und einen Beitrag von allem zu empfangen):

- *Welchen Beitrag kann ich für meine Geschäftspartner und meine Angestellten sein?*
- *Welchen Beitrag von ihnen kann ich annehmen?*
- *Was kann ich zu dem Business beitragen?*
- *Welchen Beitrag kann das Business von mir annehmen?*
- *Welchen Beitrag kann ich vom Business annehmen?*
- *Was kann mein Körper zu meinem Business beitragen?*

- ***Welchen Beitrag kann mein Körper von meinem Business annehmen?***
- ***Wer und was kann für mein Business ein Beitrag sein?***
- ***Welchen Beitrag kann mein Business von anderen annehmen?***

Ich lade dich ein, diese Fragen jeden Tag zu stellen und auf die Wahrnehmungen zu achten, die zu dir kommen. Fragen zu stellen bedeutet nicht, dass du eine Antwort darauf bekommen musst. Es geht um die Bereitschaft, die Energie zu verändern und das Erlauben, dass sich dir mehr Wahlmöglichkeiten zeigen.

Du bist ein Beitrag für alles, inklusive Geld

Manchmal bitte ich Menschen darum, die Fragen zu stellen:

- ***Was kann Geld für mich beitragen?***
- ***Welcher Beitrag kann ich für Geld sein?***

Sie antworten mit der Frage: „Was? Auf welche Weise kann ich ein Beitrag für Geld sein?"

Ich sage: „Du bist ein Beitrag für dein Haus, für deine Möbel und für dein Auto, indem du dich darum kümmerst. Oder tust du das nicht? Für Geld bist du auf dieselbe Weise ein Beitrag. Du kümmerst dich darum. Du nährst es, damit es wachsen kann. Du bist dankbar, dass es da ist. Du bist über Geld begeistert und voller Freude. Du sagst: „Juhuu! Geld!" Du bist auch ein Beitrag für das Geld, indem du es sparst und es gut anlegst, was wiederum ein Beitrag für dein Geld ist, indem es expandiert und wächst."

Leichtigkeit und Freude und Herrlichkeit

Eines der großartigsten Werkzeuge, das ich von Access Consciousness® erhalten habe, ist das Mantra von Access: **Alles im Leben kommt zu mir mit Leichtigkeit und Freude und Herrlichkeit®.** Es geht dabei um *alles* im Leben, was zu dir kommt, mit Freude und Leichtigkeit und Herrlichkeit anzunehmen, nicht nur die Dinge, die du als gut bewertet hast. Es geht dabei auch um die Dinge, die du als schlecht bewertest hast. Kennst du die Tage, an denen du aufwachst und das Leben fühlt sich nicht so gut an? Oder wenn du zur Arbeit gehst und es dich frustriert, denn die Dinge zeigen sich nicht so, wie du denkst, dass sie es tun sollten? Oder wenn du so viel zu tun hast, dass du es dir nicht vorstellen kannst, wie alles erledigt werden kann?

Ganz gleich, wie dein Tag auch aussehen mag, ganz gleich was geschieht, nutze das Mantra "Alles im Leben kommt zu mir mit Leichtigkeit und Freude und Herrlichkeit!®" Sag es immer und immer wieder. Die Dinge werden anfangen, sich für dich zu verändern. Du bittest das Universum darum, dich dabei zu unterstützen, alles im Leben mit Leichtigkeit und Freude und Herrlichkeit anzunehmen.

Alles im Leben kommt zu mir mit Leichtigkeit und Freude und Herrlichkeit.™

Kapitel 6

MENSCHEN UND HUMANOIDE

Die Selbstverurteilung beenden

Bevor ich Gary Douglas begegnete und mit Access Consciousness® Kursen begonnen hatte, fühlte ich mich oft wie eine seltsame Kreatur, die nirgendwo auf diesem Planeten hingehörte. Dann eines Tages in einem Kurs sprach Gary über die beiden unterschiedlichen Spezies, die diesen Planeten bewohnen – Menschen und Humanoide (menschenähnliche Wesen). Er fragte: „Als du ein Kind warst, konntest du deine Hausaufgaben wesentlich besser machen, wenn das Radio lief und der Fernseher und Menschen um dich herum redeten? Wenn das geschah, konntest du alles andere mit Leichtigkeit tun?" Genau das war ich.

Er fuhr fort: „Humanoiden wird oft gesagt, sie seien falsch aufgrund der Art und Weise, wie sie die Dinge tun. Es wird ihnen gesagt, sie sollen sich nur auf eine einzige Sache konzentrieren." So war es auch mir ergangen! Als Gary über Menschen und Humanoide weiter sprach, wurde mir bewusst, dass ich weder falsch noch merkwürdig war. Ich war einfach eine Humanoide.

Humanoide arbeiten am besten, wenn sie mindestens fünf oder sechs unterschiedliche Projekte gleichzeitig laufen haben. Wenn Humanoide nur ein einziges Projekt am Laufen haben, sieht es so aus, als würden sie es aufschieben. Es ist kein wirkliches Aufschieben; sie brauchen einfach viele unterschiedliche Dinge, die sie zu tun haben, dann arbeiten sie schneller. Wenn du am Computer bist, hast du dann zehn unterschiedliche Dokumente zur gleichen Zeit geöffnet? Wenn dem so ist, dann bist du wahrscheinlich ein Humanoid. Du kannst Sachen schneller erledigen als Menschen. Menschen tendieren dazu, langsam zu arbeiten. Sie mögen es, nur eine Sache zu machen und diese dann auch bis zum Ende zu bringen, dann machen sie das nächste.

Hast du Spaß an dem, was du tust?

Humanoide neigen dazu, eine Menge Spaß bei ihrer Arbeit zu haben. Oft geht es ihnen nicht darum, was sie tun. Sie sind begeistert darüber, was sie erreichen können. Ihre Haltung ist: „Was kann ich als nächstes tun?" Menschen sind oftmals verlegen, wenn sie zugeben, dass sie gerne arbeiten. Hast du nicht anerkannt, dass du wirklich gerne arbeitest – und dass du zu den Verrückten gehörst, die Business genießen? Oder dass du aus der Freude im Business heraus funktionierst? Oder dass du die Freude im Business bist? Menschen neigen dazu, die entgegengesetzte Herangehensweise zu wählen. Sie sagen Dinge wie: „Uhh! Es ist Mittwoch – wir sind erst in der Mitte der Woche!" Oder: „Es ist Montag – ich habe noch fünf Tage vor mir."

Urteilst du über dich?

Ein weiterer großer Unterschied der zwischen Menschen und Humanoiden besteht, hat etwas mit Urteilen zu tun. Humanoide neigen dazu, über sich selbst zu urteilen. Sie sehen das Falsche an dem, was sie getan haben oder sie denken darüber nach, was sie besser hätten machen können, selbst wenn sie großartige Dinge erreicht haben. Hört sich das nach dir an? Hast du ständig den Eindruck, dass etwas falsch ist an der Arbeit, die du gemacht hast, oder dass du etwas besser getan haben könntest, schneller, ordentlicher oder billiger? Nun, rate einmal? Es gibt nichts Falsches an dem, was du getan hast! Du bist wahrscheinlich ein Humanoid und Humanoide bewerten sich selbst erbarmungslos.

Im Gegensatz dazu urteilen Menschen erbarmungslos über andere. Anstatt es anzuerkennen, dass jede Person unterschiedliche Fähigkeiten und eine andere Sichtweise auf ein Projekt, einen Job oder Business hat, neigen Menschen dazu, andere zu bewerten, was sie getan oder nicht getan haben. Ihre Gespräche sind voller Kommentare wie: „Er hätte es auf diese Weise tun sollen." oder: „Sie hätte schneller fertig werden können." Ihrer Ansicht nach ist die Arbeit anderer Menschen niemals richtig.

Menschen, Humanoide und Geld

Ein weiterer Unterschied zwischen Menschen und Humanoiden hat etwas mit ihrem Umgang mit Geld zu tun. Die meisten Menschen sind zufrieden damit, Lohn oder ein Gehalt zu erhalten. So wissen sie genau, wie viel sie jede Woche haben. Sie neigen dazu zu glauben, sie müssten hart für ihr Geld arbeiten und oft sieht die Arbeit für sie hart und freudlos aus.

Humanoide machen sich generell weniger Gedanken um Geld und sie tendieren weniger dazu, sich einen Job zu suchen, um ein regelmäßiges Einkommen zu haben. Bei ihrem Job oder ihrem Business geht es nicht um Geld. Das ist es nicht, was sie dazu motiviert zu kreieren und etwas in Gang zu bringen. Es geht ihnen mehr um den kreativen Aspekt im Business. Wenn sich das nach dir anhört, solltest du vielleicht damit beginnen, das Geld darum zu bitten, sich jetzt in deinem Leben zu zeigen. Wie wäre es, wenn die Kreativität, die du bist, in Euros auf deinem Bankkonto verwandelt werden könnte?

Wechselst du oft deinen Job oder Beruf?

Die meisten Menschen sind sehr zufrieden damit, ihr Leben so zu belassen, wie es ist. Sie scheinen überhaupt nicht an irgendwelchen Veränderungen interessiert zu sein, wogegen Humanoide ständig nach etwas Neuem suchen. Sie wollen sich immer verändern. Ein Humanoid ist jemand, der innerhalb weniger Jahre zwanzig verschiedene Jobs gemacht haben kann. Die Leute sagen zu ihm: „Du bist unbeständig."

Die Humanoiden fragen: "Was meinst du damit?" Sie wollen einfach nur eine Menge unterschiedlicher Sachen ausprobieren. Beschreibt dich das? Du machst nur die Jobs, die du machen möchtest. Du beherrschst sie schnell, dann langweilst du dich und wechselst zu etwas anderem? Du würdest lieber sterben als bis an das Ende deiner Tage an einer Sache festzuhalten? Versuche nicht an einer Sache kleben zu bleiben. Es ist das Gegenteil dessen, was deinem Wesen entspricht.

Bevor ich über Menschen und Humanoide Bescheid wusste, hatte ich mich ständig schlecht gefühlt, da ich mich immer veränderte und ständig nach etwas anderem suchte. Abgesehen davon, war ich immer erstaunt darüber, warum Menschen sich nicht verändern wollten und nicht nach mehr fragten. Die Beschreibung von Menschen und Hmanoiden half mir, das zu verstehen. Ich hörte auf, mich falsch dafür zu fühlen, wie ich bin. Und ich verstand die Menschen in meiner Umgebung besser, die offensichtlich nicht mehr wollten.

Was lieben die anderen daran, in der Geschäftswelt zu sein oder ein Business betreiben?

Die Unterscheidung zwischen Menschen und Humanoiden hat nichts mit Bewertung zu tun. Es geht dabei lediglich um die Erkenntnis, dass es zwei unterschiedliche Spezies auf dem Planeten gibt. Es geht darum, mehr Leichtigkeit und Klarheit für dich in deinem Business und in deinem Leben zu kreieren. Den Unterschied zu verstehen, den es zwischen Menschen und Humanoiden gibt, hat mir große Bewusstheit darüber gebracht, was jede einzelne Person im Business liebt und gerne tut. Es hat mir auch die Klarheit, die Leichtigkeit und die Wahrnehmung ermöglicht, wie ich mit Menschen besser verhandeln kann. Ich hoffe, diese Informationen werden das Gleiche für dich tun und dich dazu ermutigen, die Bewertungen über dich selbst aufzugeben.

Was wäre, wenn du niemals falsch wärst?
Was wäre, wenn du aufhörtest dich zu verurteilen?
Wie würden dein Leben und dein Business aussehen?
Würdest du mehr oder weniger Geld kreieren?

Kapitel 7

EINE MILLION DINGE MIT LEICHTIGKEIT ERLEDIGEN

Der Energie folgen

Kürzlich sprach ich mit einer Frau, die mehrere Beteiligungen und verschiedene Unternehmen hat. Sie fragte sich, wie sie all das managen sollte. Oft haben Menschen das Problem, nicht zu wissen, wie sie all die unterschiedlichen Bereiche ihres Lebens koordinieren können und sie sind in Sorge darüber, allem Genüge zu tun. Beschreibt das deine Situation? Entgegen dem, was du vielleicht denkst, ist super organisiert zu sein nicht die Antwort. Hier geht es darum, der Energie zu folgen und aus dem unendlichen Raum heraus zu handeln.

Probiere einmal diese Übung:

Schließe für einen Moment deine Augen, dehne dich aus und nimm deine äußeren Umrisse wahr. Dehne dich weiter aus über die Umrisse deines Körpers hinaus – und weiter. Dehne dich aus. Kannst du bereits deine äußeren Umrisse wahrnehmen? Oder dehnst du dich weiter aus? Wenn du so weiter machst, kannst du den ganzen Planeten wahrnehmen. Wenn du dich zusammenziehst, hast du nur die Wahrnehmung von drei oder vier Menschen. Wenn du nicht den ganzen Planeten wahrnimmst, übe weiter und dehne deine Wahrnehmung aus. Es ist wie ein Muskel, den du entwickeln kannst. Übe weiter.

Während du das Ausdehnen ins Universum übst, wirst du herausfinden, dass es ist viel leichter ist, aus deiner Unendlichkeit heraus zu agieren. Das erlaubt dir, mehr Bewusstsein für die Welt zu erhalten. Du kannst die Energie von allem wahrnehmen, wenn du deine Aufmerksamkeit darauf richtest. Und wenn du spürst, dass dich etwas in eine bestimmte Richtung zieht, legst du deinen Fokus darauf und du weißt, was getan werden muss.

Wenn du gleichzeitig 30 verschiedene Projekte laufen hast, bedeutet das nicht automatisch, dass du jeden Tag an jedem dieser Projekte arbeiten musst. Es bedeutet, alle sind immer in deiner Wahrnehmung. Du schließt sie nicht aus deiner Wahrnehmung aus. Es geht um die Bereitschaft, bewusst zu sein, zu wissen, wann du an einer Sache arbeiten musst oder wann du jemanden darum bitten musst, dich zu unterstützen. Es geht zurück auf die Anregung, Fragen zu stellen und es dem Universum zu erlauben, dir beizustehen. (Denke daran, du hast das Universum für alle Ewigkeit angestellt.)

Der Energie folgen

Der Energie zu folgen bedeutet, diejenige Energie anzunehmen, die deinem Wissen nach dein Unternehmen und dein Leben sein kann, und dann allem zu folgen, was sich zeigt und was dieser Energie gleicht. Wenn du dieser Energie folgst, dann kommt dein Handeln nicht aus der Anpassung als Quelle der Verbindung.

Du wirkst aus deinem unendlichen Wahrnehmen, Wissen, Sein und Empfangen heraus. Die Möglichkeiten liegen weit außerhalb dessen, was dein logischer Verstand weiß. Sie liegen außerhalb von Zeit, Dimensionen, Realität und Materie. Du stellst die Frage und weißt nicht, wie die Antwort lauten wird oder was du tun oder sein solltest – und du bist darauf vorbereitet, das zu sein und dann mit deinem neuen Bewusstsein in Aktion zu gehen. Wenn du der Energie folgst, weißt du nie, was sich zeigen wird. Wie mein Freund Dr. Dain Heer sagt: „Es sieht nie so aus, wie du denkst, dass es aussehen wird." Du kannst also zu keinem Zeitpunkt eine Schlussfolgerung ziehen.

Folge der Energie in deinem Business

Als ich ein Büro hatte, ging ich jeden Tag hin und arbeitete, aber es gab Tage, da hatten weder mein Geschäft noch ich den Wunsch zu arbeiten. Ich lernte sehr schnell, mich an diesen Tagen aus meinem Büro herauszuziehen. Ich ging also ins Kino, zum Mittagessen, Schwimmen oder ich tat etwas nur für mich. Ich tat, wozu ich Lust hatte, denn ich wusste, es würde an diesem Tag nicht produktiv sein, im Büro zu bleiben. An anderen Tagen arbeitete ich bis Mitternacht und erledigte Arbeiten innerhalb von fünf Stunden, die sonst Wochen gedauert hätten. Kaufe nicht die Sichtweise von anderen ab, was dein Business benötigt. Das kannst du dir nicht leisten. Du weißt, was notwendig ist.

Wenn ich arbeite, möchte ich Dinge in Gang setzen. Ich brauche keine Stunden für meine Überlegungen. Manchmal erschafft das interessante Situationen. Eine Zeitlang arbeiteten wir bei *Good Vibes* mit einem Logistik-Team, und als sie unsere unregelmäßigen Arbeitszeiten sahen, erklärten sie uns, wir müssten nach außen so wirken, als arbeiteten wir von 9.00 Uhr bis 17.00 Uhr. Wir sahen uns gegenseitig an und sagten: „Was?“ Denn wir riefen schon mal Leute samstagabends um 9.00 Uhr an. Wir verschickten Emails an einem Sonntagnachmittag. Sie sagten: „Haltet alle eure Emails zurück und verschickt sie am Montagmorgen.“ Wir riefen: „Was?“ Jemand in Amerika sagte einmal zu meinem Geschäftspartner: „Simone hat mich gestern angerufen, an einem Sonntag. Ich glaube, sie hat gar nicht realisiert, dass es hier Sonntag war.“ Mein Geschäftspartner lächelte und sagte: „Simone hat nicht realisiert, dass es Sonntag war, denn für sie ist jeder Tag ein Arbeitstag und für sie ist jeder Tag ein Feiertag. Der Energie zu folgen und die Dinge in ihrer eigenen Zeit und auf ihre eigene Weise zu tun, ist Teil der Freude am Business.“

Wie wäre es, wenn du dein Leben und dein Business jeden Tag aufs Neue erschaffen würdest?

Vor Jahren, als ich durch die Welt reiste, lernte ich jeden Tag neue Menschen kennen, während ich von Ort zu Ort reiste. Als ich das tat, erkannte ich, dass ich mein Leben jeden Tag aufs Neue erschaffen konnte. Es gab keine Erwartungen, die ich erfüllen musste und keine Verantwortungen. Ich konnte sein, wer auch immer ich sein wollte. Ich konnte tun, was ich tun wollte. Nichts war von Bedeutung. Ich konnte mich jeden Tag als eine andere Person erschaffen. Jeder Tag war ein Abenteuer. Wenn ich morgens aufwachte, wusste ich nie, wo ich am Abend sein würde. Ich wusste nie, wo ich essen gehen würde, wo ich am Abend schlafen würde, wen ich treffen würde und wie alles aussehen würde.

Warum sollten wir nicht das gleiche Gefühl von Abenteuer in unser Unternehmen und unseren Alltag bringen? Wie wäre es, wenn du am Morgen aufwachen und dich fragen würdest: „Wie soll mein Geschäft heute aussehen?“ Wie wäre es, wenn du dein Leben und dein Geschäft jeden Tag neu erschaffen würdest? Wie wäre es, wenn du der Energie folgtest und aus dem unendlichen Raum heraus funktionieren würdest, der du bist?

Was ist unendlicher Raum?
Es ist der Raum, den du in deiner Realität erschaffst, wo es keine Schlussfolgerungen, keine Beschränkungen, keine Erwartungen gibt – nur Fragen, Nachfrage und Wahl.

Kapitel 8

DU BIST NICHT DEIN BUSINESS

Eines Tages ging ich in Sydney eine Straße entlang und jemand sagte: „Da ist die Frau von *Good Vibes for You*!" Zunächst fand ich es komisch. Als ich jedoch länger darüber nachdachte, wurde mir bewusst, dass ich mich so sehr mit meiner Firma identifiziert hatte, dass ich nicht mehr wusste, wer ich war, wenn es *Good Vibes* nicht gäbe. Ich dachte, ich wäre meine Firma. Jetzt weiß ich, dass es nicht so ist. Mein Geschäft ist ein separates eigenständiges Wesen. Es ist etwas, das ich fördere. Ich unterstütze es jeden Tag und erlaube ihm, mich zu unterstützen, aber das bedeutet nicht, dass ich mein Geschäft bin. Wenn ich es mir erlaubt hätte, die Identität der Frau von *Good Vibes for You* zu bleiben, hätte ich niemals die Möglichkeit erhalten, mit Access Consciousness® zu arbeiten. Ich hätte alle Wahlmöglichkeiten ausgeschaltet, nur um diese Identität aufrecht zu erhalten.

Wenn du dich mit deinem Unternehmen identifizierst und denkst, es wäre du, versuchst du, die Dinge so zu führen wie sie *deiner* Meinung nach gehen sollten und bremst versehentlich damit, was möglich ist.

Wenn du dich als dein Unternehmen siehst, bedeutet dies auch, dass, wenn dein Unternehmen scheitert, du selbst scheiterst, oder du erzwingen musst, es weiter existieren zu lassen, anstatt die Wahrnehmung zu haben und zu sagen: „Okay, das war Spaß. Nun ist es an der Zeit weiterzugehen!" Es ist wie eine Beziehung zu erzwingen. Wir haben alle mal versucht, das zu tun – und wir haben gelernt, dass es nicht funktioniert. Wenn es Zeit ist loszulassen, ist es Zeit loszulassen.

Alles hat Bewusstsein, dein Unternehmen eingeschlossen. Ein Unternehmen hat eine Art, wie es sich entwickeln möchte und wenn du das empfangen kannst und wenn du damit in Erlaubnis sein kannst, kann es wesentlich erfolgreicher werden. Ich frage mein Unternehmen immer, was es tun möchte, wo es gerne wäre, wen es gerne treffen möchte und wer mit eingebunden werden soll. Du wirst wahrscheinlich keine kognitive Antwort auf diese Fragen erhalten, das ist in Ordnung. Es geht darum, die Fragen zu stellen, und es der Energie zu erlauben, sich zu zeigen und dich zu dem zu führen, was als nächstes geschehen soll. Du musst nur bereit sein anzunehmen und zu wählen.

Stelle deinem Unternehmen Fragen und es wird dir Informationen zukommen lassen. Sobald du fragst, wird dein Unternehmen die notwendige Energie kreieren und generieren, die die Kunden, die geschäftlichen Transaktionen oder was auch immer notwendig ist, anzieht.

Es gibt eine Menge unterschiedlicher Fragen, die du deinem Geschäft, deinem Projekt oder deinem Unternehmen stellen kannst:

- ***Welcher Beitrag kann ich heute für dich sein?***

- ***Was möchtest du als nächstes kreieren?***
- ***Was würdest du gerne tun?***
- ***Wo möchtest du heute sein?***
- ***Mit wem möchtest du sprechen?***
- ***Wer soll sich bei dir einbringen?***

Es macht dein Leben als eine Business-Person viel einfacher, wenn du das Bewusstsein hast, dass dein Unternehmen eine separate Einheit ist – und es erlaubt dir, mehr Spaß zu haben. Es ist harte Arbeit, ein Unternehmen zu sein. Du musst viel härter arbeiten, wenn du versuchst, dich zu einem Unternehmen zu machen.

Kürzlich habe ich bemerkt, dass ich in meiner Arbeit als weltweite Koordinatorin für Access Consciousness® viel expansiver war als bei der Arbeit, die ich für *Good Vibes for You* mache. Als ich mit Gary darüber sprach, fragte ich: „Wie kann es sein, dass ich in der Lage bin, viel mehr Raum und Wahrnehmung zu haben, wenn ich für Access arbeite? Ich sehe die ganze Welt und alles darüber hinaus und ich weiß, was ich zu tun habe und wen ich kontaktieren muss. Es scheint, dass ich das bei *Good Vibes* nicht so leicht kann."

Gary sagte: "Weil du *Good Vibes* besitzt."

Ich begriff, dass er Recht hatte. Ich entwarf neue Visitenkarten für *Good Vibes for You*. Jetzt steht auf den Karten „Simone Milasas, Weltweite Koordinatorin" und nicht „Simone Milasas, Inhaberin". Das hilft mir, mich daran zu erinnern, dass ich nicht *Good Vibes for You* bin. Ich besitze *Good Vibes for You* nicht. Ich koordiniere die Firma *Good Vibes for You* weltweit. Nachdem ich das getan hatte, war es mir möglich, aus einem wesentlich expansiveren Raum heraus zu operieren. Das hat mir geholfen.

Ich sprach darüber mit einer sehr talentierten Musikerin und Schauspielerin. Sie sagte: „Das fasziniert mich. Ich liebe es, Musik zu machen und Schauspielerin zu sein, aber ich habe diese Dinge immer abgelehnt, da ich mich nicht von ihnen definieren lassen wollte. Ich dachte: ‚Wenn ich diese eine Sache mache, dann kann ich nichts anderes tun, weil ich dann diese Sache bin. So bin ich.' Ich möchte mich nicht auf diese Weise beschränken. Jetzt wird mir klar, dass ich alle diese Dinge tun kann, wenn ich mich nicht mit ihnen identifiziere."

Egal was dein Geschäft ist, es ist nicht du. Wenn du dich als dein Geschäft identifizierst, beschränkst du, wie viel du sein, tun, haben, kreieren und generieren kannst. Du schneidest deine Wahrnehmung ab und deine Fähigkeit, die unendlichen Wahlmöglichkeiten anzunehmen. Wenn du jedoch dein Geschäft als eine separate Einheit anerkennst und dich selbst als ihr Begleiter, hast du wesentlich mehr Freiheit und Raum. Du wirst nicht so sehr vom Erfolg dieser speziellen Einheit abhängig sein, was es dir wiederum erlaubt, mehr Informationen darüber zu erhalten, was möglich ist.

Gib deinem Business einen Job

Sobald du verstanden hast, dass dein Geschäft eine separate Einheit ist, kannst du ihm einen Job geben. Lass es wissen, dass es seine Aufgabe ist, für dich Geld zu verdienen. Bitte es darum, für dich Cash Flow zu generieren. Es wird sagen: „ Oh, ich verdiene Geld für dich? Okay!" Wenn ich über die Freude im Business, *Good Vibes for You* oder Access Consciousness® spreche, drücke ich es oft so aus: „Eines der Unternehmen, aus denen ich Geld erhalte." Das erinnert das Unternehmen daran, dass es sein Job ist, Geld zu machen.

Verwandle deine Schlussfolgerungen in Fragen

Halte für einen Moment inne und schau dir alle die Punkte an, bei denen du Schlussfolgerungen über dein Unternehmen getroffen hast. Jedes Mal, wenn du „Das funktioniert nicht" oder „Das kann nicht gehen" sagst oder zu einem Schluss kommst, tötest du deine Wahrnehmung ab. Stattdessen frage dein Unternehmen: „Welche Frage kann ich stellen?" Sagen wir, du hast einen Bauernhof und du hast entschieden, dass er nicht erfolgreich ist. Versuche einmal den Bauernhof zu fragen:

- ***Was benötigst du?***
- ***Gibt es etwas, das verändert werden soll?***
- ***Können wir es verändern?***
- ***Wie verändern wir es?***

Vielleicht versuchst du, Weizen anzubauen, und dein Bauernhof möchte Äpfel wachsen lassen. Welches Bewusstsein hat das Land? Vielleicht gibt es bald eine Trockenheit? Solltest du etwas anderes anbauen? Alles hat Bewusstsein, also kannst du auch alles um Informationen bitten. Was wäre, wenn du dein Unternehmen auf diese Weise kreieren und generieren könntest, anstatt alles selbst herauszufinden?

Wenn du deinem Unternehmen Fragen stellst, darfst du keine Ansicht haben, wie die Antwort aussehen sollte. Du musst bereit sein, die Energie, die jeder und alles dir sendet, dein Unternehmen eingeschlossen, anzunehmen. Du erlaubst jede Ansicht ohne Bewertung. Du fragst: „Was würde ich wollen?" Dann gehst du in die Energie deines Unternehmens oder deines Projekts und fragst: „Was benötigst du?" Anschließend triffst du eine Wahl und noch eine Wahl, denn jede Wahl ist nur für zehn Sekunden gültig. Eine

Wahl erschafft immer mehr Wahrnehmung.

Alles hat Bewusstsein, dein Business eingeschlossen. Die Wahl erschafft die Wahrnehmung, die Wahrnehmung erschafft nicht die Wahl.
~ Dr. Dain Heer

Kapitel 9

ZIELE VS. ZIELSETZUNG

Was bedeutet Erfolg für dich?

Was bedeutet Erfolg für dich? Für die meisten Menschen ist Erfolg ein monetärer Wert. Es geht darum, wie viel Geld auf dem Bankkonto ist oder welche Zahlen in der Gewinn- und Verlustrechnung stehen. Was wäre, wenn es beim Erfolg im Unternehmen um etwas anderes ginge? Was wäre, wenn es nicht darum ginge, Profit zu machen? Wie wäre es, wenn es ein größeres Ziel für dich und dein Unternehmen gäbe? Und was wäre, wenn das Geld dann auftaucht, wenn du die Energie kreierst und generierst, von der du weißt, dass sie mit deinem Unternehmen möglich ist? Weißt du was? Das tut es!

Für mich bedeutet Business, die Welt zu verändern. Ich bin nur eine Person aus Australien, die etwas in der Welt bewirken möchte. Wenn ich beschlossen hätte, dies sei nicht möglich, würde ich diese Worte nicht schreiben und ich würde auch keine *Freude-im-Busi-*

ness-Kurse geben. Wenn jemand dieses Buch liest oder aus einem meiner Kurse geht und sich auch nur ein wenig verändert hat, weil ich etwas gesagt habe, dann habe ich Erfolg.

Wie steht es mit dir? Wenn du darüber nachdenkst, was Erfolg für dich bedeutet, denkst du vielleicht auch darüber nach, was deine Ziele sind. Bevor du das tust, lade ich dich dazu ein, einmal den Unterschied zwischen Ziel und Zielsetzung zu betrachten. Eine Zielsetzung wird immer beweglich sein. Du kannst es immer weiter anstreben, selbst wenn sich die Dinge ändern. Ein Ziel hingegen setzt du fest. Das Ziel ist eher unbeweglich oder solide. Es bringt Erwartungen mit sich, die fast immer zu Enttäuschungen und Urteilen führen. Und es ist endlich, wohingegen die Zielsetzung unendlich ist.

Die Energie beim Anvisieren einer Zielsetzung, ist eine andere als ein Ziel zu erreichen. Sie ist leichter. Ein Ziel ist eher wie eine Zelle, wie ein Gefängnis. Wenn du dieses gesetzte Ziel nicht erreichst, wirst du über dich selbst urteilen. Und wenn du es erreichst, könntest du es als endgültige Ziellinie betrachten. Und was machst du dann? So oder so schließt du dich ein.

Was ist deine Zielsetzung?

Als ich einen Freund fragte, welches seine Zielsetzung wäre bei seinem Wunsch, ein Geschäft zu kreieren, sagte er: „Ich habe keine Zielsetzung. Ich möchte lediglich ein Weingut eröffnen."

Ich sagte: „Wenn du eine Frage stellst, wird die Wahrnehmung deiner Zielsetzung auftauchen." Und ich fing an, ihm Fragen zu stellen wie „Welche Wirkung möchtest du mit deinem Weingut in der Welt und auf die Menschen erzielen? Für wen ist der Wein?"

Er antwortete: „Nun, was ich an Wein liebe, ist die Vertrautheit, die er oft zwischen Menschen herstellt." Ich sagte: „Großartig. Da ist bereits eine deiner Zielsetzungen." Und weiter: „Welche andere Energie kommt bei dir an in Verbindung mit der Führung eines Weinguts?"

Er sagte: „Es ist eine Einladung an Menschen, sich selbst und den Wein zu genießen und an der Eleganz und der Dekadenz des Lebens teilzuhaben. Es bedeutet, mehr zu haben, als man sich wünschen kann oder mehr als diese Realität erlauben würde. Es ist hedonistisch. Und da ist auch noch die Energie mit der Erde zu arbeiten und zu spielen."

Ich sagte: „Super, du liebst Eleganz, Dekadenz und Vertrautheit in deinem eigenen Leben sowie in deinem Unternehmen und du weißt, dass du gerne mit der Erde arbeitest und spielst." Er sagte: „Ja. Ich wäre gerne ein Treuhänder der Erde." Das waren ein guter Anfang und eine Zielsetzung, um sein Unternehmen zu generieren, denn wie ich bereits schrieb, unterliegen Zielsetzungen der ständigen Veränderung.

Eine Access Consciousness Facilitatorin®, die ich kenne, wünscht sich, Wahrnehmung und Bewusstsein auf diesem Planeten zu kreieren. Das ist ihre Zielsetzung. Sie arbeitet mit Männern in Gefängnissen, obwohl sie dafür nicht bezahlt wird. Sie sagt: „Es fühlt sich leicht an, es ist bereichernd, es ist freudvoll und es macht Spaß. Es bringt so vieles in mein Leben." Da sie sich dafür entschieden hat, mit Männern in Gefängnissen zu arbeiteten, öffnet sie Universen für mehr Wahrnehmung und Bewusstsein.

Wenn du weißt, was du anstrebst, und du die Energie erkennst, die mit der Zielsetzung zu dir kommt, kannst du diese Energie in dein Leben einladen. Sobald etwas auftaucht, das dieser Energie entspricht, wähle es. Es spielt keine Rolle, ob es mit Geld gleichgesetzt werden kann oder mit jemandem, der in dein Unternehmen eintritt oder mit jemandem, der dein Unternehmen verlässt, oder mit einer völligen Veränderung deiner Produkte und deines Services. Wenn die Energie deiner Zielsetzung entspricht, steuere darauf zu.

Meine Zielsetzung seit langem war, Menschen dazu zu inspirieren, die Welt auf eine andere Weise betrachten. Ich wusste nicht, wie ich das tun könnte. Nichtsdestotrotz begann ich, die passende Energie in meinem Leben willkommen zu heißen. Ich gründete *Good Vibes for You* und ich traf Gary Douglas und mit ihm Access Consciousness®.

Als ich erwog, nach San Francisco zu reisen, um an meinem ersten großen Access Consciousness® Kurs teilzunehmen, hatte ich eine Menge Schulden. Ich war mir nicht sicher, ob es richtig war, zu diesem Zeitpunkt so zu handeln, also sprach ich mit meinem Vater, der damals mein Steuerberater war. Mein Vater sagte: „Nun, die Reise kostet dich alles zusammen etwa 10.000,- Dollar. Das ist eine ganze Menge Geld und doch glaube ich, dass du gehen solltest, um herauszufinden, ob es wirklich das ist, was du mit deinem Leben machen möchtest." Auf seine Weise erklärte er mir, der Energie zu folgen und keine Entscheidung aufgrund der Kosten für die Reise zu treffen, sondern danach, wie mein Leben für mich aussehen sollte. Ich bin ihm sehr dankbar dafür.

Ich hätte eine Million Gründe aufzählen können, um nicht zu fliegen. Ich hätte sagen können: "Ich würde so gerne gehen, aber ich habe kein Geld. Ich kann es nicht tun." Und das hätte alle zukünftigen Möglichkeiten und alles, was mein Leben heute ausmacht, vernichtet. Stattdessen folgte ich der Energie, die dem entsprach, wie ich mir mein zukünftiges Leben wünschte, egal wie es aussah. Und das hat tatsächlich mehr Bewusstsein auf diesem Planeten hervorgebracht, was wiederum meine ursprüngliche Zielsetzung war. Was ist sonst noch möglich?

Wie viele zukünftige Möglichkeiten hast du ausgeschaltet? Bist du bereit, jetzt Alles, was das ist, zu zerstören und unzukreieren, vervielfacht mit einer GottZillion? Right and Wrong, Good and Bad, POD and POC, All 9, Shorts, Boys and Beyonds. Was ist deine Zielsetzung? Was möchtest du kreieren, generieren und in Gang setzen? Überall wo du nicht bereit warst, alles, was deiner Zielsetzung entspricht, wahrzunehmen, zu wissen, zu sein und zu empfangen, zerstörst und unkreierst du das jetzt alles, vervielfacht mit einer GottZillion? Right and Wrong, Good and Bad, POD and POC, All 9, Shorts, Boys and Beyonds.

Nutze Fragen, um dein Gewinnziel zu generieren

Du kannst auch gewinnbringende Zielsetzungen in dein Unternehmen einbringen. Ich sprach mit einem Bauern eines Milchvieh-Betriebs, der mir erzählte: „Wir haben uns dafür entschieden, eine bestimmte Anzahl von Kühen zu halten. Sie geben eine bestimmte Milchmenge, was uns einen gewissen Gewinn bringt. Wir möchten die Anzahl der Tiere nicht erhöhen, aber wir wollen unseren Gewinn steigern. Wie können wir das erreichen?"

Ich fragte ihn: „Benötigt ihr also mehr Informationen?"

Er sagte: „Nein."

Scherzend sagte ich: „Nun, Sie könnten fragen: ‚Was wäre nötig, damit unsere Kühe wie durch Magie viermal mehr Milch geben?" Vielleicht würde sich das ja ergeben – aber ich empfehle, dass Sie ein Bewusstsein darüber entwickeln, was ist, und sich eine gesteigerte Ertragskraft auf Grundlage der Milchmenge ansehen, die die Kühe tatsächlich produzieren. Dann können Sie Fragen stellen wie, Was müssen wir sonst noch tun oder unserem Betrieb geben, um unseren angestrebten Gewinn zu erzielen?' Vielleicht müssen Sie an einem Access Consciousness® Kurs teilnehmen oder Sie brauchen mehr Kühe. Wenn Sie bereit sind, ein größeres Bewusstsein zu haben, dann besteht die Möglichkeit, mehr Gewinn zu erwirtschaften. Vielleicht müssen Sie eine andere Farm bewirtschaften. Sie müssten sie nicht besitzen, Sie würden sie nur bewirtschaften und Ihre Milchproduktion würde sich verdoppeln. Sie könnten fragen: ‚Nun, wenn wir es mit einer Farm machen können, mit wie vielen weiteren könnten wir das Gleiche tun?' Oder Sie könnten fragen: ‚Wie sehr beschränke ich mich in dem Tierbestand, den ich jetzt habe? Was ist sonst noch möglich?'"

Seitdem hat er seine Produktpalette ausgebaut, und vor kurzem hat er damit begonnen, eine sehr schmackhafte hochwertige Sahne zu vermarkten, die sehr bekannt geworden ist und sich gut verkauft.

Bei einer Zielsetzung solltest du deine Sicht auf etwas setzen, das weit außerhalb von dir liegt und über deine Grenzen hinausgeht. Du musst bereit sein, herauszutreten und etwas zu tun, ansonsten wirst du nicht über das hinauskommen, wo du gerade stehst. Du musst über deine Schemata von Zeit, Dimensionen, Realität und Materie hinausgehen. Du musst sagen: „Ich werde heute anders sein. Und morgen werde ich noch einmal anders sein!"

Lass deine Zielsetzungen nicht zu Entscheidungen werden

Ich mag es, Zielsetzungen zu erschaffen. Ich bin mir auch bewusst darüber, wie sehr sie mich beschränken könnten. Zielsetzungen können zu Entscheidungen werden, die sich festfahren. Oder du kannst ein begründetes Interesse am Ausgang haben. Sobald sich etwas nicht mehr so leicht anfühlt wie zu Beginn, weiß ich, es ist zu einer Entscheidung geworden.

Als ich anfing, Menschen mit Access Consciousness® Prozessen zu facilitieren, war ich sehr am Endergebnis interessiert. Wenn ich private Sitzungen gab und die Person „es" nicht zu verstehen schien, war ich zerschmettert. Das war mit Sicherheit nicht die Freude im Business! Jetzt habe ich meine Vorgehensweise geändert. Ich weiß jetzt, dass die Person, mit der ich arbeite, wahrscheinlich ein kleines Werkzeug mitnehmen wird und dieses eine kleine Werkzeug vermag das Leben dieser Person auf unvorstellbare Weise zu erweitern. Nach einer Woche wird irgendetwas, was ich gesagt habe, tief einsinken. Veränderung zeigt sich auf so viele unterschiedliche Arten. Du kannst niemals am Endergebnis dessen, was du tust, festkleben, da du niemals wirklich weißt, wie das Resultat sein wird.

Du planst zum Beispiel, einen Kurs zu geben. Du hast alles getan, um ihn bekannt zu machen, und du hast eine bestimmte Anzahl an Teilnehmern geplant, die erscheinen sollen. – Es ist großartig, eine Zielsetzung zu haben – dann musst du Abstand davon nehmen. Was ist, wenn nur eine Person auftaucht? Du wirst nicht wissen, was du mit dieser einen Person verändern kannst. Mir ist das passiert. Vor vielen Jahren war ich die einzige Person, die zu einer Einführungsklasse über Access Consciousness® kam. Ich saß da und hörte dem Mann zu, während er den Kurs gab und ich dachte: „Der Kerl ist verrückt." Als ich aber am nächsten Morgen aufwachte, wusste ich, etwas war völlig anders. Ich rief ihn an und sagte: „Was hast du mit mir gemacht? Ich bin anders." Das war der Anfang für eine neue Richtung in meinem Leben.

Sagen wir, du wirst eine Messe besuchen und deine Zielsetzung ist es, mit so vielen Menschen wie möglich Kontakt aufzunehmen. Du misst den Erfolg deines Besuchs daran, wie viele Namen und Telefonnummern du bekommen hast. Vielleicht ist Erfolg etwas ganz anderes. Was wäre, wenn du das Leben der Person, die die

Tickets verkauft, bereits dadurch verändert hast, indem du einfach du bist?

Stell dir vor, was du tun würdest, wenn du wüsstest, dass du nicht scheitern kannst

Manchmal halten sich Menschen selbst zurück, wenn es um ihre Zielsetzungen geht, da sie Angst vor dem Scheitern haben. Was ist Scheitern überhaupt? Nur zu, versuche es zu definieren. Bist du tatsächlich jemals gescheitert? Oder generierst du etwas, dass sich nicht so entwickelt, wie du es dir vorgestellt hattest? Wie passt das zu „scheitern"? Zielsetzungen sind immer in Bewegung, sie verändern sich ständig.

Überall, wo du nicht aus der Sicht von „Stell dir vor, was du tun würdest, wenn du wüsstest, du kannst nicht scheitern" funktionierst, zerstörst und unkreierst du das jetzt, vervielfacht mit einer GottZillion? Right and Wrong, Good and Bad, POD and POC, All 9, Shorts, Boys and Beyonds.

Kapitel 10

SEI BEREIT ZUR VERÄNDERUNG

Orangenbäume oder Zitronenbäume?

Ich treffe oft Menschen, die beschließen, was ihr Geschäft *sein wird*, anstatt Fragen darüber zu stellen, was es *sein könnte*. Lass mich dir ein Beispiel geben. Sagen wir, ein paar Leute entscheiden sich dafür, ein Unternehmen zu gründen, das Orangensaft herstellt. Sie werden vielleicht fragen: „Was brauchen wir?" Orangenbäume. Okay! Sie kaufen einige Orangenbäume und pflanzen sie. Die Bäume fangen an zu wachsen und die neuen Unternehmer sind ganz aufgeregt wegen des köstlichen Orangensafts, den sie herstellen werden. Sie beschließen: „Wir werden den besten Orangensaft des Landes verkaufen." Und sie beginnen, alles in die Wege zu leiten, damit ihr Unternehmen sehr erfolgreich wird. Die Bäume wachsen weiter und die Leute kümmern sich darum. Sie wässern und düngen die Bäume. Eines Tages erscheinen die ersten Blüten. Die Leute sind sehr aufgeregt: „Bald werden wir Orangen haben!"

Dann kommen die Früchte, aber es sind keine Orangen – es sind Zitronen.

In den unendlichen Wahlmöglichkeiten zu leben würde bedeuten: „Oh, Zitronen! Was ist richtig daran, das wir hier nicht sehen? Was für ein Geschäft können wir mit Zitronen kreieren? Wir könnten Zitronenlimonade herstellen – oder wir könnten Zitronenkuchen machen."

Die meisten Menschen würden diese Herangehensweise nicht wählen. Sie würden sagen: „Oh, nein. Das hat nicht funktioniert" und würden die Bäume fällen. Sie würden etwas zerstören, was das Universum ihnen geschenkt hat, weil das Geschenk nicht so aussah, wie sie es sich vorgestellt hatten. So muss es nicht laufen. Business und Unternehmen können sich sofort verändern, wenn du bereit bist, sie zu ändern. Genau genommen kann sich dein ganzes Leben auch so schnell verwandeln; du musst nur für alle Möglichkeiten offen sein.

Frage, Forderung, Wahl und Beitrag

Die vier Elemente, um Veränderung in dein Unternehmen und in dein Leben zu bringen, sind Frage, Forderung, Wahlmöglichkeit und Beitrag. Du stellst eine Frage, die die Tür für größere Möglichkeiten öffnet. Du stellst eine Forderung, was du benötigst und was du möchtest. Das kreiert die generative Energie, die benötigt wird, um etwas in die Existenz zu bringen Und du triffst eine Wahl. Du wählst in Zehn-Sekunden-Abschnitten, denn du weißt, dass keine Wahl, die du triffst, unveränderlich festgelegt ist. Du wählst etwas und du bekommst eine neue Wahrnehmung und du wählst von Neuem. Wenn du eine Wahl triffst, gibt dir das ein Bewusstsein dafür, was möglich ist. Das alles ist ein Beitrag. Es trägt zu den Möglichkeiten bei, die du und dein Unternehmen haben.

Möchtest du Veränderung?

Um ein Unternehmen zu gründen und sein CEO zu sein, ist eine besondere Persönlichkeit notwendig. Oftmals ist ein Gründer, der auch als CEO fungiert, in seiner oder ihrer ursprünglichen Vision des Unternehmens gefangen und nicht bereit, etwas zu verändern. Der Grund dafür ist, dass viele Gründer dazu tendieren, so viele Sichtweisen und Schlussfolgerungen zu formulieren, wenn sie eine Firma starten, dass sie nicht in der Lage sind, momentane und zukünftige Wahlmöglichkeiten zu erkennen. Sie haben feststehende Ansichten darüber, wie das Unternehmen auszusehen hat und diese Sichtweisen werden zu Blockaden innerhalb des Unternehmens. Wenn Menschen hereinkommen und etwas Großartiges anbieten können, ist der Gründer nicht in der Lage, es zu erkennen und anzuerkennen. Sie wollen nichts verändern, selbst dann nicht wenn Veränderung genau das wäre, was notwendig wäre. Am Ende vernichten sie ihr Unternehmen.

Ich hätte dies beinahe mit *Good Vibes for You* getan. Meine Zielsetzung für dieses Unternehmen war, die Art und Weise, wie die Menschen die Welt sehen, zu verändern und nachdem ich Gary Douglas kennen gelernt hatte und angefangen hatte, die Werkzeuge von Access Consciousness® zu nutzen, wusste ich, dass das, was Access anzubieten hatte, genau das war, was ich mit *Good Vibes for You* vorhatte. Nach einiger Zeit wollte ich Access Consciousness® in Vollzeit machen. Ich dachte, der Weg dahin sei es, *Good Vibes for You* zu zerstören. Gary bemerkte was ich tat und fragte mich: „Warum musst du *Good Vibes for You* kaputt machen?"

Ich sagte: „Weil ich jetzt Access Consciousness® machen möchte." (Bemerkst du eine Frage darin? Nein, keine. Es war eine Schlussfolgerung.) Er fragte: „Warum kannst du nicht beides machen? Könnte

Good Vibes sich verändern? Oder könntest du jemand anderen in das Unternehmen bringen?"

Diese Fragen waren für mich lebensverändernd. Zuvor hatte ich die Ansicht, ich sollte nur ein einziges Geschäft haben. Ich war darauf eingestellt zu denken, dass ein Unternehmen genug für eine Person wäre. Seitdem habe ich herausgefunden, dass ein Unternehmen nicht genug für mich ist. Nach meinem Gespräch mit Gary wurde mir klar, die Zerstörung meines Unternehmens war nicht meine einzige Möglichkeit. Ich konnte es auch verändern! Ich stellte eine Geschäftsführerin ein, gab ihr fünfzig Prozent des Unternehmens, und sie begann, das Geschäft zu führen. Das gab mir die Möglichkeit, bei Access das zu tun, was ich tun wollte und gleichzeitig *Good Vibes for You* zu behalten.

Wie oft hast du damit begonnen, Orangenbäume anzupflanzen und dann hat sich herausgestellt, dass es Zitronenbäume waren? Hast du immer und immer wieder versucht, Orangenbäume anzupflanzen (weil du Orangensaft liebst) und nicht zugelassen, dass sich etwas anderes zeigt?

Geh dir selbst aus dem Weg

Geh dem aus dem Weg, was deiner Meinung nach dein Unternehmen, Geschäft oder Projekt sein soll, und stelle mehr Fragen. Du musst bereit sein, dein Unternehmen gehen zu lassen. Du musst bei jedem Projekt, an dem du arbeitest, bereit sein, es zum Ende kommen zu lassen. Du solltest jedoch kein Geschäft auflösen, das etwas anderes von dir braucht! Das ist nicht die einzige Option! Anstatt zu entscheiden, dass dein Unternehmen oder dein Projekt gestorben ist oder dass du es nicht mehr weiterführen möchtest, stelle mehr Fragen.

- ***Wer oder was kann dazu beitragen?***
- ***Was kann ich zu meinem Business hinzufügen?***
- ***Was kann ich zu meinem Leben hinzufügen?***

Businesspläne und Budgets

Wenn ich darüber spreche, offen für Veränderung zu sein, so schlage ich nicht vor, dass du keine Pläne für dein Unternehmen machen sollst. Es ist okay, Pläne zu machen. Du solltest auch bedenken, dass sich fast nichts so entwickelt, wie du es vermutest. Sei dir dessen bewusst, wenn du Investmentpläne und Budgets aufstellst.

Wenn du einen Finanzplan aufstellst, um ihn Investoren zu zeigen, so erstelle diesen aus einer „interessanten Ansicht" heraus. Musst du dich an das Budget halten? Nein. Gib ihm die Möglichkeit, sich zu verändern. Das wird dir eine gesteigerte Wahrnehmung erlauben. Du wirst außerdem etwas erschaffen, was du den Investoren zeigen kannst, die du anziehen möchtest. Du kannst ihnen die Wege zeigen, die du gehen möchtest, wo und wie du das Geld ausgeben möchtest und wie alles aussehen soll.

Wenn du einen Businessplan hast, entsteht die Versuchung zu denken, dass alles, was geschehen wird, in diesen Plan passen muss. Wenn Zitronenbäume nicht in deinem Plan stehen, hast du die Bäume vielleicht schon gefällt, bevor du alle weiteren Möglichkeiten in Betracht gezogen hast. Ich bin nicht dagegen, Businesspläne zu erstellen, ich weiß jedoch, dass sie nicht in Stein gemeißelt sind. Könnte sich der Plan ändern? Absolut. Er könnte sich innerhalb einer Sekunde verändern, du musst zu jeder Veränderung bereit sein. Erschaffe einen Businessplan, um ein größeres Bewusstsein zu erlangen – nicht als eine Schlussfolgerung.

Du kannst mit deinem Unternehmen nicht auf einer Stelle treten. Du musst ihm erlauben, sich selbst zu generieren. Es ist vergleichbar mit einem Garten. Wenn du einen Garten anlegst, triffst du eine Wahl. Du pflanzt etwas an, und wenn es nicht wächst, pflanzt du etwas anderes an. Du kannst niemals sagen: „Das wird perfekt werden", weil ein Garten niemals perfekt ist. Er wächst und verändert sich ständig. Du erlaubst ihm, sich zu verändern und du unterstützt ihn dabei. Du kontrollierst einen Garten nicht.

Es geht dabei um das größere Bewusstsein, das du hast und die Möglichkeiten, etwas sofort zu verändern. Wenn du bei der „interessanten Ansicht" über die Finanzen, die Pläne und die Projektionen bleibst, erlaubst du es der Magie, sich zu zeigen.

Was wäre, wenn die Magie weit über das hinaus ginge, was du dir jemals als Möglichkeit vorgestellt hast?

Kapitel 11

ZEIG MIR DAS GELD

Wusstest du, dass es viele Portale gibt, durch die Geld zu dir kommen kann? Business ist nur eines der Portale, durch das Geld in deinem Leben auftauchen kann. Wenn du keine Ansicht darüber hast, wie Geld bei dir ankommen kann, erlaubst du es ihm, genauso durch dein Unternehmen wie auch durch andere Wege zu dir zu kommen.

Wenn du Geld als eine lineare Sache ansiehst und du denkst, Business ist ein Weg für Geld, ja, dann ist Business ein Portal für Geld. Es gibt auch andere Portale für Geld. Und Business ist gleichzeitig auch ein Portal für andere Dinge als Geld. Zum Beispiel ist es ein Portal für Veränderung. Sobald du zu einer Schlussfolgerung darüber kommst, wie Geld zu dir kommen wird, schneidest du dich von jeder weiteren Möglichkeit ab, Geld anzunehmen. Immer wenn du bereit bist, ein Beitrag zu sein und immer wenn du bereit bist, einen Beitrag in allem, in Beziehungen, beim Sex, im Geschäft, bei Geld, in jedem Bereich deines Lebens anzunehmen, öffnest du dich für das Empfangen aller Möglichkeiten.

Der Sohn eines Freundes hatte seinem Vater mitgeteilt: „Papa, ich möchte mit dir durch Australien reisen."

Der Vater antwortete: „Nun, wie wäre es, wenn wir um die ganze Welt reisen würden?"

Der Sohn entgegnete: „Ja, das hört sich toll an!"

Daraufhin sagte der Vater: „Ich muss nur noch ein wenig Geld verdienen, damit wir das tun können."

Der Sohn antwortete: „Sorge dich nicht Papa, die Menschen verlieren ständig Geld. Ich werde es für dich aufheben und es dir geben."

Wie wäre es, wenn du die Ansicht eines Kindes annehmen würdest? Geld ist überall. Menschen lassen es ständig fallen. Wie wäre es, wenn Geld wie Luft wäre? Du atmest jeden Tag. Wie wäre es, wenn du ganz genauso annehmen würdest und wenn du nicht die lineare Ansicht, wie es in dein Leben kommen kann, abkaufen würdest?

Als ich Gary Douglas kennen lernte, hatte ich 187.000 Dollar Schulden. Ich hatte ein Geschäft mit einem großen Lager, abgesehen davon hatte ich nicht viel, nur eine Menge Spaß. Ich nahm an einem Business-Kurs teil, den Gary in San Francisco gab, in dem er uns einige einfache Werkzeuge über Geld gab. Ich war inspiriert und fragte: „Was wird geschehen, wenn ich diese Werkzeuge anwende?" Ich begann damit, einige der Werkzeuge anzuwenden, die Gary uns erklärt hatte, und nach dreieinhalb Wochen hatte ich meine Schulden auf die Hälfte reduziert. Ich hatte ein paar verrückte Ansichten über Geld und als ich die Werkzeuge von Access anwandte, um diese Ansichten zu verändern, begann Geld in meinem Leben aufzutauchen aus vielen unterschiedlichen Richtungen. Manches davon kam durch mein Unternehmen, anderes in Form von Geschenken und wieder anderes aus unterschiedlichsten Quellen. Unterm Strich heißt das, auf einmal tauchte Geld in meinem Leben auf.

Eine der verrückten Ansichten, die ich mit den Werkzeugen von Access veränderte, hatte etwas mit meinem Vater zu tun, den ich absolut anbetete. Er hatte einmal gesagt: „Ich werde diesen Planeten erst verlassen, wenn ich sicher sein kann, dass alle meine Kinder finanziell abgesichert sind." Meinem Bruder und meiner Schwester ging es gut, aber ich, wie bereits erwähnt, hatte viele Schulden. Eines Tages, während ich die Werkzeuge von Access benutzte, erkannte ich auf einmal: „Verflixt! Ich kreiere mich als finanziellen Schlamassel, damit mein Vater am Leben bleiben kann!" Ich sprach mit ihm darüber und daraufhin begann sich meine gesamte finanzielle Welt zu verändern. Ich veränderte meine kranke Ansicht und unendliche Möglichkeiten fingen an, sich mir zu zeigen.

Geld generieren: Spaß, Spaß, Spaß

Nicht jeder sieht das Generieren von Geld als Spaß an. Manche Menschen glauben, sie können kein Geld generieren. Sie sorgen sich darum, woher das Geld kommen soll, das sie brauchen, oder sie halten an dem fest, was sie haben. Geld zu verlieren, bedeutet für sie, versagt zu haben. Ihre Haltung ist: „Ich darf das nicht verlieren, da ich ewig brauchen werde, es wieder zu erlangen – also kann ich nicht, darf ich nicht versagen." Sie sind so sehr damit beschäftigt, an dem festzuhalten, was sie haben, dass sie nichts weiter annehmen können.

Es gibt andere, die ständig damit beschäftigt sind, sich zu überlegen, wie sie zu Geld kommen könnten. Sie sagen: „Ich werde dies, das und jenes machen. Wie viel wirst du mir dafür zahlen?" Die Leute, die ständig darüber nachdenken, wie sie zu Geld kommen können, sind die, die es anscheinend nie erreichen. Und diejenigen, die alles nur aus Freude am Generieren machen, sind diejenigen, zu denen Geld kommt.

> *Überall, wo du nach Geld gesucht hast, um Freude zu generieren, anstatt einfach nur freudvoll zu sein, und es dem Geld zu erlauben, in deiner Realität aufzutauchen, –Wahrheit, zerstörst und unkreierst du das jetzt alles, vervielfacht mit einer Gott-Zillion? Right and Wrong, Good and Bad, POD and POC, All 9, Shorts, Boys and Beyonds.*

Geld folgt der Freude.
Freude folgt nicht dem Geld.

Bist du bereit, als reich und erfolgreich angesehen zu werden?

Vor kurzem hatte ich die Gelegenheit, durch die Augen meiner sechs Jahre alten Nichte als reich angesehen zu werden. Sie wünschte sich so sehr einen iPod, also kaufte ich ihr einen. Sie saß auf dem Boden und spielte damit, auf einmal drehte sie sich zu mir um und sagte mit einem Seufzer: „Tante Simone, ich bin froh, dass du reich bist." Und sie listete alle Dinge auf, die ich ihr gekauft hatte. Ich war glücklich darüber, dass sie es so zu würdigen wusste. Für sie bedeutet reich zu sein eine sehr gute Sache. Ist es das auch für dich? Wie reagierst du, wenn jemand denkt, dass du eine Menge Geld hast? Meine Ansicht ist: „Das ist großartig. Ich nehme die Bewertung an, dass ich viel Geld habe." Je mehr Menschen dich als reich bewerten, umso mehr Geld taucht tatsächlich in deinem Leben auf.

Ist dir aufgefallen, dass das, was Menschen über dich denken, oder was sie auf dich projizieren, davon abhängt, was für ein Auto du fährst, welche Kleidung und welchen Schmuck du trägst oder welchen Schmuck du nicht trägst? Als ich mit *Good Vibes for You* anfing, fuhr ich einen alten Toyota Bus. Mir war bewusst, wie die Bewertung der Menschen über mich war: Es ging mir einigermaßen, aber ich war nicht sehr erfolgreich. Sie dachten, ich würde mich so durchs Leben schlagen, aber ich hätte nicht den ‚Drive', um wahren Erfolg zu kreieren – und es lag ein Stück Wahrheit darin. Dann bekamen wir einen besseren Bus, auf dem unser Logo in einem kunstvollen, schönen Design war, das inspirierende Sprüche enthielt. Es war interessant zu sehen wie ich nun ganz anders bewertet wurde. Kinder winkten mir zu, und selbst bei hohem Verkehrsaufkommen ließen mich andere Fahrer vor. Immerhin war es der Bus von *Good Vibes for You*.

Eines Tages, ich machte bereits seit einiger Zeit Access, kaufte ich ein BMW Cabrio. Meine Familie hatte nie viel Notiz von Access genommen, und sie hatten mir nie Fragen darüber gestellt, bis ich am Weihnachtstag mit meinem neuen Auto vorfuhr. An diesem Tag fragte mich fast jedes Mitglied meiner Familie: „Also, was genau ist Access Consciousness®? Was machst du?" Mit meinem BMW Cabrio hatte ich die Bewertung von „Erfolg" erschaffen, und die Menschen wollten herausfinden, was ich tat.

„Du musst aber reich sein!"

Eine koreanische Geschäftsfrau, die in Seoul lebt, erzählte mir, dass sie zusammen mit ihrem Ehemann in einem reichen Viertel der Stadt wohnte und wenn Koreaner sie nach ihrem Wohnsitz fragten, wollte sie es ihnen nicht sagen. Sie möchte nicht hören, wie die Leute sagen: „Du musst aber reich sein!" Also erzählt sie, dass sie in einem anderen Teil der Stadt wohnt. Ich habe ihr vorgeschlagen, sie soll ein wenig damit spielen. Ich sagte: „Erzähle den Leuten ruhig, wo du lebst. Und wenn die Leute dann sagen: Du musst aber reich sein', lächle und sage ‚Ja, ich liebe es, dort zu leben, wir haben so viel Platz' und dann warte ab, was geschieht."

Eine Freundin aus Eumundi, einer kleinen Stadt in Queensland, Australien, weiß sehr gut mit den Bewertungen über das Reichsein und wie man damit Geld bekommen kann umzugehen. Sie erzählte mir, dass sie alle zwei bis drei Tage das Geld aus ihrem Geschäft zur Bank bringt. Die Bankangestellte glaubt, es sei der Umsatz eines Tages und sagt Dinge wie: „Wow, Sie hatten einen guten Tag, nicht wahr?" Meine Freundin lächelt darauf immer und sagt: „Ja, das hatte ich." Und sie erhält die Bewertung, viel Geld verdient zu haben.

Vergleiche das nun mit der Ansicht der meisten Menschen, dass du so wenig Geld haben solltest wie alle anderen. Hast du jemals eine Konversation gehört, in der eine Person sagt: „Wow, dein Büro ist sehr schön und sehr groß." Und die andere Person antwortet: „Du solltest sehen, was ich an Miete zahle. Und meine Versicherungsrate steigt in den Himmel, aber ich brauche einen schönen Ort, um meine Kunden zu empfangen." Wie wäre es, wenn sie einfach antwortete: „Ja, ich liebe es, hier zu arbeiten. Es ist großartig, nicht wahr? Was ist sonst noch möglich?"

Kennst du Menschen, die es lieben, sich selbst arm zu reden? Ich höre ständig Menschen darüber reden, wie arm sie sind und der nächste versucht, das dann zu toppen, indem er sagt, dass es ihm noch schlechter geht. Du hörst nie jemanden sagen: „Ich habe einen ganzen Haufen Geld! Mir geht es gut, ich bin glücklich! Ich komme gerade von fantastischen Ferien zurück." Niemand spricht so. Stattdessen üben sich Menschen darin zu tun, was alle anderen auch tun. Ist nun die Zeit, das zu verändern? Bist du bereit, anders zu sein? Bist du bereit, eine Menge Geld zu haben?

Bist du bereit, die Bewertung anzunehmen, dass du eine Menge Geld hast? Überall, wo du nicht bereit warst, Bewertungen darüber anzunehmen, wie reich du bist, oder wie viel Geld du hast, Wahrheit, zerstörst und unkreierst du das jetzt alles, vervielfacht mit einer GottZillion? Right and Wrong, Good and Bad, POD and POC, All 9, Shorts, Boys and Beyonds.

Die Menschen werden sowieso über dich urteilen, warum kreierst du nicht die Bewertung, dass du wohlhabend und erfolgreich bist?

Es geht nicht um Geld

Als ich mit *Good Vibes for You* anfing, pflegte ich zu sagen: „Es geht beim Business nicht darum, Geld zu verdienen. Es geht um die Freude beim Business." Bis zu einem gewissen Grad ist das richtig und eines Tages schaute ich mir das genauer an. Ich wurde mir der Energie bewusst, die ich erzeugte, wenn ich sagte: „Es geht nicht um das Geld." Ich erkannte, ich war in einer Entscheidung gefangen, wie man Geld verdient. Ich sah, wenn ich auf diese Weise weitermachte, würde ich nicht viel Geld annehmen können.

Mir wurde bewusst, dass ich mich hinter Sprüchen wie: „Es geht nicht um Geld!" versteckte. Es war eine Möglichkeit, mich in Sicherheit zu wiegen. Ich wollte nicht die ‚große Nummer' sein. Als mir das bewusst wurde, fragte ich: „Wie wäre es, wenn es dabei auch ums Geldverdienen ginge?" Ich begann folgende Frage zu stellen: „Was ist nötig, damit ich Berge an Geld erhalten *und* die Freude im Business gleichermaßen genießen kann?"

In diesen Anfangszeiten von *Good Vibes for You* zeigte sich mein Mangel, annehmen zu können, wenn ich T-Shirts verkaufte. Sobald jemand sagte: „Ich liebe deine T-Shirts", war ich fertig. Ich hatte mein Ziel erreicht. Die Person fragte, ob sie eines der T-Shirts kaufen könnte und ich antwortete: „Sicher. Kann ich Ihnen einen Sonderpreis machen? Ich gebe Ihnen zwei zum Preis von einem." Ich wollte es der Person geben, denn es ging beim Geschäft ja nicht ums Geld. Es ging um die kreative Seite des Geschäfts. Nachdem ich an meiner Fähigkeit anzunehmen gearbeitet und mein Bewusstsein erweitert hatte, kam ich an einen Punkt, an dem ich sagen konnte: „Ich kann das Geld jetzt annehmen! Du möchtest ein T-Shirt? Das macht 35 Dollar."

Schau dir deine Zielsetzung für dein Geschäft und dein Projekt an, egal was es auch ist:

- ***Wie wäre es, wenn ich bereit wäre, auch Geld zu empfangen?***
- ***Wie wäre es, wenn ich um Geld bitten würde und weiterhin meine Zielsetzung aufrechterhalten würde?***

Du kannst auch damit beginnen, deine Fähigkeit zu erhöhen, mehr Geld anzunehmen, indem du Fragen stellst wie:

- ***Was ist nötig, damit das Geld auftauchen kann?***

Überall, wo ich heute Geld ausgeladen habe, das zerstöre und unkreiere ich, vervielfacht mit einer GottZillion. Right and Wrong, Good and Bad, POD and POC, All 9, Shorts, Boys and Beyonds.

Was für eine Forderung möchtest du gerne stellen?

Ich habe eine großartige Buchhalterin in Australien. Eines Tages fragte sie mich, welche Forderung an Geld ich stellen wollte, das ich persönlich von *Good Vibes for You* erhalten wollte. Ich sah sie an und sagte: „Ich kann doch keine solche Forderung stellen, bei alle diesen Rechnungen, die wir haben."

Sie sagte: „*Good Vibes for You* ist großartig darin, Rechnungen zu erhalten, und ich bin bereit, mir beweisen zu lassen, dass ich falsch liege." Dann fragte sie wieder „Welche Geldmenge würdest du persönlich von *Good Vibes for You* fordern?"

Es begann, mich zu ärgern, und ich fing an zu erklären: „Wir haben Rechnungen. Wir haben Schulden. Wir haben Investoren. Wir haben Leute, die wir zuerst bezahlen müssen."

Sie sah mich an und fragte noch einmal: „Welche Forderung bist du bereit, an dein Unternehmen zu stellen?"

Auf einmal verstand ich es. Ich sagte: „Verdammt! Du hast Recht." Und ich nannte ihr den Betrag, den ich jeden Monat von meinem Unternehmen erhalten wollte. Wenn du nicht bereit bist, die Forderung an dein Unternehmen zu stellen, was du gerne haben möchtest, so wird dir dein Unternehmen immer Rechnungen bringen. Es geht dabei um die Wertschätzung, die du dir entgegenbringst und der Beitrag, der du für dein Unternehmen bist.

Hier ist eine Übung, die du machen kannst. Übe, das Folgende zu sagen:

- ***Kann ich jetzt bitte mein Geld haben?***

Wiederhole es zehn Mal, und mehr und mehr und mehr!

- ***Kann ich jetzt bitte mein Geld haben?***

- ***Kann ich jetzt bitte mein Geld haben?***
- ***Kann ich jetzt bitte mein Geld haben?***
- ***Kann ich jetzt bitte mein Geld haben?***
- ***Kann ich jetzt bitte mein Geld haben?***
- ***Kann ich jetzt bitte mein Geld haben?***
- ***Kann ich jetzt bitte mein Geld haben?***
- ***Kann ich jetzt bitte mein Geld haben?***
- ***Kann ich jetzt bitte mein Geld haben?***
- ***Kann ich jetzt bitte mein Geld haben?***

Wenn du weiterhin diese Bitte äußerst, wirst du bemerken, dass Dinge für dich leichter werden und du tatsächlich mehr Geld, mehr Business und mehr Freude erhältst.

Was berechnest du für deine Produkte oder deinen Service?

In der Zeit, als ich noch Halbedelsteine aus Indien importierte, verkaufte ich Rosenquarz, den man den Liebesstein nannte, und der sehr gefragt war. Ich ging direkt an die Quelle und schaltete den Zwischenhändler aus. Die Gewinnspanne der Steine war enorm. Ich konnte sie für 15 Dollar kaufen und verkaufte sie für 130 Dollar das Stück. Oft ließ ich die Steine in Rajastan in Silber fassen. Sie machten wundervolle Handarbeiten dort, und dies erlaubte es mir, die Gewinnspanne noch mehr zu erhöhen.

Dann machte ich eine interessante Entdeckung. Ich entschied mich, mein Lager an Schmuck aufzulösen, und ich reduzierte meine Preise drastisch. Da ich für den Schmuck beim Einkauf so wenig gezahlt hatte, konnte ich mir das erlauben. An einem Ring, den ich für 15 Dollar eingekauft hatte, hängte ich ein Preisschild von 25 Dollar. Ich dachte, ich würde ihn so schneller verkaufen. Aber ich entdeckte etwas, was ich nicht erwartet hatte. Niemand kaufte den Ring. Die Menschen vermuteten: „Oh, das sind nur billige Schmuckstücke." Wenn ich jedoch ein Preisschild mit der Aussage: Originalpreis 130 Dollar / Verkaufspreis 80 Dollar anbrachte, dann kauften sie es. Sie dachten: „Das ist ein guter Preis für einen coolen Ring." Ich lernte, dass ich das Denken der Menschen durch die Preise, die ich an meine Produkte heftete, beeinflussen konnte. Bei den niedrigen Preisen dachten die Menschen, sie würden etwas Billiges und Defektes erhalten. Bei den hohen Preisen glaubten sie, einen großartigen Handel zu machen.

Die Höhe des Preises, den du deinen Kunden berechnest, beeinflusst die Weise, wie sie deine Produkte und deinen Service wahrnehmen. Was bedeutet das für dich? Es bedeutet, du solltest dir darüber klar werden, mit welcher Summe du dich für deine Produkte und deinen Service wohlfühlst – und dann mehr nehmen! Deine Kunden und Klienten werden viel dankbarer für dich und dein Produkt sein.

Wie viel Geld bist du bereit anzunehmen?

Vor kurzem war ich bei einer Freundin, die Kosmetikerin ist, zur Gesichtsbehandlung. Als sie fertig war, fragte ich sie, was ich ihr schuldig wäre. Sie senkte ihren Kopf, wühlte in ein paar Papieren und murmelte: „95 Dollar".

Ich fragte: „Was war das?"

Sie sagte: „Was?"

Ich fragte: „Welche Energie kam da mit den 95 Dollar?"

„Oh!“, sagte sie, „ich hasse es, wenn ich Freunde nach Geld fragen muss.“

Ich fragte sie noch einmal: „Wie viel schulde ich dir?“

Wieder senkte sich ihr Kopf und sie sagte: „95 Dollar.“

Ich fragte: „Wie viel ist es?“

Schließlich sah sie mir in die Augen und sagte klar: „95 Dollar.“

Ich gab ihr 120 Dollar.

Du musst bereit sein, Menschen nach Geld zu fragen! Wie viel Geld bist du bereit, pro Stunde für deinen Service zu empfangen? 50 Euro, 100 Euro, 1.000 Euro, 10.000 Euro, 20.000 Euro?

Wenn du mit Menschen auf Stundenbasis arbeitest und abrechnest, frage:

- ***Mit welcher Summe fühlst du dich wohl?***

Wenn du dich damit wohlfühlst, 80 Euro zu berechnen, dann berechne 100 Euro. Nimm die Summe, mit der du dich wohlfühlst und erhöhe sie. Denke dabei daran, dass du das tust, um dich zu ehren für das, was du tust und dafür, was und wer du bist – du bist mehr wert als jede Summe, die du annehmen könntest. Es ist nur Geld, habe Spaß damit.

Ich schätze, dies zu tun, fühlt sich für dich unbequem an, also werde ich es noch einmal wiederholen. Wenn du einen Preis für etwas berechnest, achte darauf, ob du damit in deiner Komfortzone bist. Bereitet dir die Summe, die du berechnest, ein unbequemes Gefühl? Passt es zu der Energie, aus der heraus du funktionierst? Welche Summe pro Stunde müsstest du berechnen, damit es dir Spaß machen würde? Was wäre die Freude im Business?

Zu wenig Geld? Zu viel Geld?

Vor einiger Zeit erzählte mir eine Frau, die ich kenne, sie würde mit bestimmten Menschen nicht mehr zusammenkommen wollen, da diese nun zu viel Geld verdienen würden.

Ich war schockiert. Ich fragte: „Was genau ist der Grund dafür, jemanden nicht mehr zu treffen, der zu viel Geld verdient?“ So etwas zu tun, würde das die Menge an Geld, die du in deinem Unternehmen und in deinem Leben anzunehmen bereit bist, beschränken? Ja!

Hast du dich dafür entschieden, dass du keine Menschen in deiner Realität oder in deinem Universum haben kannst, die zu wenig oder zu viel Geld verdienen? Was fühlt sich für dich unbequemer an, zu wenig oder zu viel? Das alles sind Bewertungen. Wenn du es dir selbst erlaubst, dich auf diese Weise einzustellen, bedeutet es, deinem Universum nicht zu erlauben, sich auszudehnen und Beiträge zu empfangen.

Bremst du dich selbst?

Manchmal erzählen mir Menschen, sie hätten eine großartige Businessidee, aber sie könnten nicht damit anfangen, da sie kein Geld hätten. Oder sie entscheiden sich dafür, eine Businessidee, die Geld benötigt, nicht umzusetzen, da sie glauben, sie müssen zu Beginn bereits alle benötigten Gelder bereitstehen haben. Sie lassen sich von dem Gedanken „Kein Geld“ aufhalten. Machst du das auch? Wie wäre es, wenn du bereit wärst, aus der Idee „Das Geld wird da sein, wenn ich es brauche“ heraus funktionierst? Wie wäre es, wenn „Kein Geld“ dich nicht bremsen würde, anstatt zu sagen: „Wir können das nicht machen, weil wir das Geld dazu nicht haben.“? Wie wäre es, wenn du fragtest: „Was ist nötig, damit wir generieren können, was wir benötigen und was wir wünschen?“

Möchtest du tatsächlich den Hummer?

Wenn es etwas gibt, was du wirklich in deinem Leben haben möchtest, dann genieße es. Wenn du denkst, du möchtest in einer Beziehung mit jemandem sein, dann sei in einer Beziehung mit ihr oder ihm. Wenn du Hummer essen möchtest, dann iss Hummer. Sei dir bewusst darüber, dass, wenn du die Speisekarte eines teuren Restaurants betrachtest und du denkst, „Ich hätte gerne den Hummer, aber ich kann ihn mir nicht leisten, also wähle ich den Hühnersalat", du gleichzeitig Nein zum Annehmen gesagt hast. Du hast das Geld gerade aus deinem Leben ausgeladen. Lädst du das Geld aus deinem Leben aus? Wenn dem so ist, ist hier ein Prozess, den du jeden Abend laufen lassen kannst:

> *Ich zerstöre und unkreiere alles, bei dem ich heute Geld aus meinem Leben ausgeladen habe. Right and Wrong, Good and Bad, POD and POC, All 9, Shorts, Boys and Beyonds.*

Brauchst du als unendliches Wesen Geld?

Manchmal sagen Menschen Dinge wie: „Geld zu verdienen ist für mich nicht so wichtig." Ich antworte: „Das ist richtig. Wenn Geld für dich wirklich wichtig wäre, hättest du es eimerweise." Und dann frage ich: „Brauchst du Geld für dich oder brauchst du Geld für deinen Körper?" Du, das Wesen, brauchst kein Geld. Du brauchst jedoch Geld für deinen Körper – für die Kleidung, die du trägst, für das Bett, in dem du schläfst, für den Platz in der ersten Klasse, wenn du fliegst. Hast du ignoriert, was dein Körper gerne hätte? Wie wäre es, wenn es Zeit wäre, liebevoll mit deinem Körper umzugehen? Wie wäre es, wenn du deinen Körper in deine Businessberechnungen mit einbeziehen würdest? Wie viel Geld würde dein Körper gerne kreieren und generieren?

Konntest du eine Art Aufregung in deinem Körper feststellen, als du die letzten beiden Fragen gelesen hast? Vielleicht möchtest du diesen Prozess ausprobieren:

Welche Energie, welcher Raum und welches Bewusstsein können mein Körper und ich sein, dass es uns erlauben würde, unser eigenes Geld zu haben? Alles was nicht erlaubt, dass sich das zeigt, zerstöre und unkreiere ich, vervielfacht mit einer Gott-Zillion. Right and Wrong, Good and Bad, POD and POC, All 9, Shorts, Boys and Beyonds.

Als ich diesem Prozess zum ersten Mal laufen ließ, bemerkte ich eine meiner interessantesten Verwandlungen. Ich bin nicht die ordentlichste Person der Welt. Wenn ich reise und in ein Hotel einchecke, explodiert mein Koffer und alle meine Sachen sind im ganzen Zimmer verstreut. Wir gaben einen Access Consciousness® Kurs in Rom direkt nach diesem Clearing und alles das hatte sich verändert. Anstatt meine ganzen Sachen im Zimmer zu verstreuen, stellte ich alles an seinen Platz. Alles war ordentlich. Das Badezimmer war aufgeräumt. Meine Kleider hingen im Schrank. Meine Papiere lagen auf dem Schreibtisch. Meine Umgebung war ästhetisch und angenehm. Davor war ich nicht bereit gewesen, das zu tun. Es lag daran, dass ich meinen Körper und mich um unser eigenes Geld gebeten hatte. Davor war mein Körper nicht in diese Rechnung mit einbezogen gewesen. Jetzt ist er es.

Dehne dich in das ganze Universum aus. Gehe auch an die Stellen, die du zuvor vermieden hast, um Zugang zu allem Geld und allen Businessmöglichkeiten zu erhalten, die zur Verfügung stehen. Dehne dich weiter aus über alle Zeiten, über alle

Dimensionen, Realitäten und Materie. Dehne dich über deine Vorstellungen hinaus aus, denn deine Vorstellung ist beschränkt. Sie kennt nur, was du bisher getan hast. Weite dich weit über deinen Verstand hinaus aus. Geh in alle die Orte, die du bisher vermieden hast, um an das Geld zu kommen, das da ist. Alles, was dir nicht erlaubt, dorthin zu gelangen, zerstörst und unkreierst du das alles jetzt, vervielfacht mit einer Gottzillion? Right and Wrong, Good and Bad, POD and POC, All 9, Shorts, Boys and Beyonds.

Kapitel 12

LADE GELD IN DEIN LEBEN EIN

Möchtest du mehr Geld in deinem Leben haben? Hier sind ein paar Werkzeuge, die du nutzen kannst, um mehr Geld in dein Unternehmen und dein Leben einzuladen.

Was ist sonst noch möglich? Wie wird es noch besser?

Ich habe bereits davon gesprochen, diese Fragen zu stellen. Sie sind jedoch so wichtig und so anwendbar, wenn es darum geht, Geld anzunehmen und zu haben, dass ich sie auch hier einbringen möchte.

- ***Was ist sonst noch möglich?***
- ***Wie wird es noch besser?***

Jedes Mal, wenn du eine Rechnung bezahlst, frage:

- ***Was ist sonst noch möglich?***

- ***Wie wird es noch besser?***

Wenn du deine Stromrechnung bezahlst, sei dankbar. Du hast Licht, du kannst deinen Computer anschließen, du kannst telefonieren. Sei dankbar für alles, was du hast, denn wenn du nicht dankbar bist, kannst du nicht mehr annehmen. Zum Beispiel, wenn du gerade 20 Euro verdient hast, könntest du sagen: „Das ist nichts, ich hätte 120 Euro verdienen sollen." Schau nicht darauf, was du hättest verdienen sollen. Sieh auf das, was du verdient hast, sei dankbar dafür und stelle Fragen. Es heißt nicht: „Oh, das ist nicht genug!" Stattdessen heißt es: „Wow, wie konnte ich so viel Glück haben, diese 20 Euro zu erhalten? Was ist sonst noch möglich?"

Was braucht es, damit diese Summe an Geld zehnfach zu mir zurückkehrt?

Wenn du eine Rechnung bezahlst, frage:

- ***Was braucht es, damit diese Summe an Geld zehnfach zu mir zurückkehrt?***

Was liebe ich daran, kein Geld zu haben?

Oft treffe ich Menschen, die sich darüber beschweren, kein Geld zu haben. Doch so sehr sie sich auch bemühen, sie haben niemals genug. Tatsächlich basiert das Kreieren ihres Lebens auf ‚Kein Geld' und nicht darauf, was ihnen Freude bereitet und mit der Energie des Lebens übereinstimmt, das sie gerne hätten. Ist es das, was du getan hast? Hast du ‚Kein Geld' angewendet, um dein Leben zu kreieren, und die Art, wie du lebst? Wenn du feststellst, dass du ‚Kein Geld' hast, liegt es daran, dass du entschieden hast, dass darin etwas Wertvolleres liegt als Geld zu haben? Frage:

- ***Was liebe ich daran, kein Geld zu haben?***

Anfangs wirst du durch diese Frage verstimmt sein und dich fragen: "Welchen Wert könnte diese Frage haben?" Oder du bist aufgebracht und sagst: „Ich habe keine Ahnung!" Nichtsdestotrotz, wenn du weiterhin etwas erschaffst, das für dich nicht funktioniert, tust du es wahrscheinlich, weil du etwas daran liebst. Wenn du bereit bist, die Wahrnehmung zu erhalten, welchen Wert das für dich hat, kannst du alles verändern. Du wirst überrascht sein, wenn du erkennst, dass kein Geld zu haben, tatsächlich auf eine sehr unerwünschte und seltsame Weise funktioniert. Wahrscheinlich bekommst du eine vollkommen andere Perspektive auf deine finanzielle Situation.

Was ist der Wert im Business, keinen Erfolg zu haben?

Wie ich bereits zuvor erwähnt habe, sind es die kranken Sichtweisen, die dich einschränken. Wenn dein Unternehmen keinen ‚Erfolg' hat, kannst du eine Frage stellen, um die Energie zu verändern. Versuche es einmal mit dieser Frage:

- ***Was ist der Wert im Business, keinen Erfolg zu haben?***

Wenn du bereit bist, die Wahrnehmung anzunehmen, kannst du alles verändern.

Wenn es nicht um Geld ginge, was würdest du dann wählen?

Lasse *Geld* oder *kein Geld* nicht dein Leben kontrollieren. Wie wäre es, wenn du dein Leben, wie du es gerne hättest, aufgrund der passenden Energie kreieren würdest?

Als ich damit anfing, Access Kurse zu geben, hörte ich von den 7-Tage Events, die in Costa Rica abgehalten wurden. Ich wollte wirklich gerne an einem dieser Events teilnehmen, aber Costa Rica ist so ziemlich auf der anderen Seite der Erde, von Australien aus betrachtet. Ich entschied mich dafür, Costa Rica als einen recht exotischen Ort anzusehen, der für uns Australier nicht leicht zu erreichen war. Ich sah es als recht hoffnungslos an, jemals dorthin zu kommen. Es schien einfach viel zu viel Geld zu kosten. Und ich hätte eine komplett andere Entscheidung fällen müssen. (Bemerkst du die Unmenge an Fragen, die ich stellte? Keine!)

Eines Tages sah ich mir die Fotos des letzten 7-Tage Events in Costa Rica an, die ein Freund gemacht hatte. Er bemerkte, dass ich ein wenig traurig war. Er fragte: „Was ist los?"

Ich sagte: „Nun, ich sehe mir diese Fotos an, und da ist ein ganz besonderes, das sieht so toll aus, ich glaube, ich werde niemals in der Lage sein, dorthin zu gehen. Ich werde mir das nie leisten können."

Mein Freund fragte: „Welches der Bilder sieht so toll aus?"

Ich sagte: „Dieses hier!"

Er lachte und erzählte mir, dass ich mir da ein Foto von Darling Harbour in Sydney,

Australien, anschaute. Es war irgendwie zwischen die Fotos von Costa Rica gekommen.

Ich sagte: „Oh! Von Brisbane nach Sydney, das ist einfach! Dahin kann ich fahren."

Als ich das sagte, wurde mir klar, wie ich es zugelassen hatte, dass meine Entscheidungen und Betrachtungen über ‚Kein Geld' mein Leben kontrolliert hatten. Ich wurde mir des Irrsinns bewusst, solche Entscheidungen zu fällen. Ich dachte: „Wie wäre es, wenn ich einfach eine Wahl treffe, eine Forderung stelle und das Geld in mein Leben kommt?" Und genauso funktioniert das! Wenn du der Energie dessen, was du kreieren und generieren möchtest, folgst und bereit bist, alles anzunehmen, wird das Geld in dein Leben kommen. Frage:

- ***Wenn Geld kein Thema wäre, was würde ich wählen?***

Zehn Prozent sind für DICH

Das Access Consciousness® Werkzeug, über das sich die Menschen am häufigsten beklagen, und das mir selbst so viel Veränderung gebracht hat, ist, 10 Prozent von meinem Einkommen zur Seite zu legen. Das bedeutet nicht, für schlechte Zeiten zu sparen, oder für eine hohe Rechnung oder für einen guten Grund, um es auszugeben. Es bedeutet 10 Prozent deines Einkommens beiseite zu legen – und es nicht auszugeben – als eine Art, dich selbst zu ehren. Du tust es, bevor du irgendeine Rechnung oder Löhne bezahlst und bevor du einkaufen gehst.

Wenn du dieses Geld zur Seite legst, sagst du damit dem Universum, dass du wertvoll bist. Das Universum ist ein Bankett, es möchte dich beschenken. Du zeigst damit, dass du Geld hast, dass du gerne Geld hast und dass du bereit bist, mehr zu haben. Wenn du das tust, wird das Universum anerkennen, worum du bittest. Es wird dir mehr Geld zukommen lassen. Wenn du jedoch damit anfängst, das Geld auszugeben, zeigst du dem Universum, dass du nicht genug hast, indem du den Fonds anzapfst, den du zu deinen

Ehren beiseite gelegt hast. Du zeigst damit, dass es einen Mangel gibt und du nicht mehr haben kannst. Und das wird dir das Universum auch geben – weniger.

Ich hörte, wie Gary und Dain dieses Werkzeug erklärten, und dachte, „Ja, ja, schon wieder dieses 10 Prozent Ding. Bla, bla, bla. Extra Geld in dein Portemonnaie zu legen, lässt dich so fühlen wie eine reiche Person… Ja, bla, bla, bla." So legte ich die 10 Prozent von dem, was ich verdiente, nicht zur Seite.

Und eines Tages fragte ich mich: „Was wäre das Schlimmste, was mir passieren könnte, wenn ich das täte? Ich müsste das Geld, das ich zur Seite gelegt hatte, für etwas ausgeben. Okay, ich könnte es auch einmal ausprobieren." Also versuchte ich es und heute liebe ich es! Manche Menschen belassen ihre 10 Prozent in bar. Ich ziehe es vor, dieses Geld auf einem separaten Bankkonto zu haben. Ich mag es, wenn ich Geld auf dieses Konto überweisen kann und ich sehe zu, wie es wächst. Ich habe auch Gold, Silber und Waren für mich gekauft, da es mir Freude bereitet, es zu besitzen.

Wenn du erst einmal eine bestimmte Summe in deinem 10 Prozent Fond hast, wirst du eine Veränderung in deinem Verhältnis zu Geld bemerken und welche Gedanken du dir darüber machst. Vielleicht wird das geschehen, wenn du etwa so viel Geld hast wie du in drei Monaten verdienst. Sagen wir du verdienst 4.000,- Euro im Monat. Wenn du dann erst einmal 12.000,- Euro in deinem 10 Prozent Fond hast, wirst du anfangen, ein Gefühl der Leichtigkeit in deinem Universum wahrzunehmen. Irgendwie weißt du, dass alles okay sein wird. Du bist in Frieden mit Geld. Das ist ein Teil dessen, wozu dein 10 Prozent Fonds erschaffen wurde. Er bringt dich dahin zu wissen, dass du tatsächlich Geld *hast*.

Wärst du gerne in Frieden mit Geld? Lege 10 Prozent deines Einkommens beiseite, um dich zu ehren und um dem Universum zu zeigen, dass du Geld hast, es gerne hast und dir mehr davon wünschst. Gib deine 10 Prozent nicht aus. Stattdessen sieh zu, wie es wächst und genieße, wie viel Geld du hast!

Und 10 Prozent für dein Business

Du solltest auch 10 Prozent von allem, was dein Unternehmen einbringt, zur Seite legen. Es ist nicht für dich – es ist für das Unternehmen. Welche Summe auch immer bei *Good Vibes for You* hereinkommt, wir legen 10 Prozent davon in einen Fond. Er ist für *Good Vibes for You*. Indem wir das machen, ehren wir unser Unternehmen.

Wahrscheinlich fallen dir eine Million Gründe dafür ein, warum das für dich nicht funktioniert. Ich bin hier, um dir zu sagen, dass es funktioniert. Dein Unternehmen hat einen Job zu erledigen. Ehre dein Unternehmen und zeige ihm, dass es wertvoll ist, indem du die 10 Prozent zur Seite legst, egal welche Summe hereinkommt. Mach es, bevor du irgendeine Rechnung bezahlst. Wenn du das tust, werden du und dein Unternehmen damit beginnen, Wahlen zu treffen, die expansiv sind, anstatt zu fragen: „Wie werden wir die Rechnung bezahlen?“ Es verändert die Dynamik des Unternehmens und das Geld fließt. Versuche es und sieh was geschieht.

Kapitel 13

DER UMGANG MIT FINANZEN

Praktische Grundlagen

Vor einigen Jahren sprach mein Vater als Steuerberater mit mir über Buchhaltung und wie ich meine Bücher für mein Geschäft führen sollte. Ich stampfte mit den Füßen auf und sagte: „Davon möchte ich nichts wissen! Das ist langweilig. Ich habe andere Dinge zu tun."

Er zeichnete eine große Tortengrafik, die alle Elemente enthielt, die notwendig sind, um ein erfolgreiches Unternehmen zu führen. Das Buchführungssegment war recht groß. Ich sagte: „Ich möchte nicht den ganzen Buchführungskram machen. So würde ich die Grafik zeichnen." Und ich zeichnete eine Tortengrafik, die einen großen generativen und kreativen Teil hatte, und nur einen kleinen Teil für die Buchhaltung. Er sah sich meine Grafik an und sagte: „Ja, aber wenn du keine Ahnung von Buchhaltung hast, wird dein Unternehmen nicht bestehen."

Ich erkannte, dass er Recht hatte. Du kannst nicht mit der Wahrnehmung innerhalb deines Unternehmens existieren, wenn du nichts von Gewinn- und Verlustrechnungen verstehst oder nicht weißt, wie viel Geld du auf deinem Konto hast. Du brauchst ein paar praktische Grundinformationen darüber, wie der finanzielle Bereich funktioniert. Gehörst du zu den Menschen (zu denen auch ich einmal gehörte), die sich nicht mit dem Kleinkram der Finanzen beschäftigen wollen? Denkst du, das ist langweilig? Hast du beschlossen, dass es zu schwierig zu erlernen ist? Glaubst du, dass du damit nicht behelligt werden solltest?

Bist du bereit, einen anderen Standpunkt in Betracht zu ziehen? Die Grundlagen der Buchführung können tatsächlich Spaß machen und kreativ sein, besonders wenn du Fragen nutzt und die Information bekommst, die du benötigst. Hier sind ein paar grundlegende Fragen und Werkzeuge, die du einsetzen kannst, wenn du finanzielle Themen bearbeiten möchtest, darüber nachdenkst, dein Unternehmen zu erweitern, investieren möchtest oder neue Ideen einbringen willst.

Wie du mit finanziellem Bewusstsein funktionierst

Du musst nicht in allem gut sein in deinem Unternehmen. Du musst nicht alles selbst machen.

Du solltest jedoch wissen, welche Umsätze zu erwarten sind und wie hoch deine Ausgaben sein werden. Du musst wissen, was du an deinen einzelnen Produkten verdienst und was du jeden Tag, jede Woche und jeden Monat verkaufen musst, um deine Kosten zu decken. Das nennt man kostendeckend arbeiten. Du musst das nicht zwingend selbst herausfinden, du musst dir dessen nur bewusst sein. Wenn du das nicht weißt, wirst du am Ende dein Unternehmen ruinieren.

Wie hoch sind die monatlichen Kosten deines Unternehmens?

Hier ist eine einfache Übung, mit der du eine Wahrnehmung darüber erlangen kannst, was dein Unternehmen jeden Monat benötigt, um operieren zu können:

1. Setze dich hin und schreibe alle Ausgaben auf, die dein Unternehmen in den letzten sechs Monaten (oder in den letzten 12 Monaten) hatte. Das beinhaltet die Miete, Büromaterial, Internetkosten, Telefon, Elektrizität, Auto – alle Ausgaben, die du in deinem Unternehmen hattest. Oder bitte deinen Steuerberater um die Gewinn- und Verlustrechnung.
2. Teile die Summe durch sechs (oder zwölf). Das wird dir eine Vorstellung deiner monatlichen Ausgaben geben.
3. Nachdem du deine Ausgaben errechnet hast, addiere 10 Prozent für dein Unternehmen dazu.
4. Addiere weitere 10 Prozent für dich hinzu.
5. Addiere weitere 20 Prozent für verschiedene Aufwendungen hinzu.
6. Das wird dir zeigen, wie viel du jeden Monat einnehmen musst.
7. Dann stelle eine Forderung, diese Summe oder mehr in deinem Unternehmen umzusetzen, egal wie hoch die Summe auch ist. Wenn du dir nicht bewusst bist, welche Kosten dein Unternehmen hat, wirst du anfangen, dein Unternehmen zu ruinieren.

Anfangs wirst du vielleicht sagen: „Dieses ganze finanzielle Zeug ist viel zu kompliziert." Die Sache ist die, es ist einfach nur eine andere Sprache. Wie wäre es, wenn du bereit wärst, die Sprache des Geldes zu lernen?

Hat man dich angewiesen, deine Kosten zu verringern?

Eine der ersten Anweisungen von Steuerberatern, die aus der kontextbezogenen Realität heraus funktionieren, ist, deine Kosten zu verringern. Ich stimme überein, dass es eine gute Möglichkeit sein kann, die Kosten zu betrachten, um eine größere Wahrnehmung über die Finanzen deines Unternehmens zu erhalten. Es könnte ein guter Start sein, die geplante Messe in Frage zu stellen, über die du nachdenkst. Jedoch hat es sich für mich immer schwer angefühlt, die Ausgaben zu reduzieren. Es ist wahrscheinlich hilfreicher, eine unendliche und offenere Frage zu stellen. Schau dir an, was du hinzufügen kannst, was du vergrößern kannst und was du ausdehnen kannst, mit einer Frage wie:

- ***Wie kann ich den Geldfluss in meinem Unternehmen erhöhen? (Siehst du den Unterschied im Vergleich zu Kürzungen vorzunehmen?)***
- ***Gibt es hier irgendetwas, das ich verändern kann?***
- ***Was wäre nötig, damit ich mein Einkommen vergrößern kann?***
- ***Was kann ich zu meinem Unternehmen hinzufügen?***
- ***Was kann ich dem Service, den ich anbiete, hinzufügen?***
- ***Wie viele Einnahmequellen kann ich mit meinem Unternehmen kreieren?***

- ***Welche Magie kann ich heute in mein Unternehmen einladen?***

Bitte das Universum um Unterstützung

Ich bitte dich dringend, das Universum um Unterstützung zu bitten. Nutze den Energie-, Raum- und Bewusstseins-Prozess, den ich dir weiter oben gegeben habe:

> *Welche Energie, welcher Raum und welches Bewusstsein können mein Unternehmen und ich sein, dass es uns erlauben würde, das Universum für alle Zeiten einzusetzen? Alles was nicht erlaubt, das sich das zeigt, zerstöre und unkreiere ich jetzt, vervielfacht mit einer GottZillion. Right and Wrong, Good and Bad, POD and POC, All 9, Shorts, Boys and Beyonds.*

Hast du wirklich zu viel für Marketing ausgegeben?

Wenn dein Steuerberater tatsächlich möchte, dass du deine Ausgaben reduzierst, wird er oder sie etwas sagen wie: „Sie geben zu viel für Marketing und Werbung aus. Diese Summen passen nicht zu Ihrem Umsatz." Bevor du diese Herangehensweise bejahst und ihr zustimmst, solltest du es dir selbst noch einmal ansehen.

Sagen wir, du hast 15.000,- Euro für Werbezwecke in diesem Monat ausgegeben. Wofür hast du das Geld ausgegeben? War es für etwas, das in den nächsten sechs bis zwölf Monaten weitere Möglichkeiten eröffnen wird? Oder war es nur für diesen Monat? Sagen wir, du hattest eine Messeausstellung, die dich 6.000,- Euro gekostet hat. Deine direkten Verkäufe brachten 4.500,- Euro ein. Du könntest dir das anschauen und sagen: „Das war ein Verlust von 1.500,- Euro." Aber, war es wirklich ein Verlust? Gehe nicht direkt in die Falschheit dieser Sache. Das Universum öffnet dir die Türen. Sobald du mit „Ich bin falsch" oder „Ich habe gerade einen Verlust erlitten." beginnst, schließt du die Türen für zukünftige Möglichkeiten und Beiträge.

Für mich geht es nicht darum, unseren Erfolg anhand dieser oder jener Spalte einer Tabellenkalkulation einzuschätzen. Auf der Ausstellung könnte jemand deinen Flyer mitgenommen haben und sich gesagt haben: „Ich werde diese Firma mal anrufen." Und er wird sich in den nächsten sechs Monaten nicht melden. Vielleicht meldet er sich in einem Jahr. Du kannst nie wissen, was geschehen wird! Frage:

- ***War die Ausgabe für jetzt oder die Zukunft – oder für beides?***
- ***Wird unsere Anwesenheit auf der Messe zukünftige Möglichkeiten generieren?***
- ***Wird diese Ausgabe meinem Unternehmen Geld bringen?***
- ***Fühle ich mich dabei leichter? (Denke daran, die Wahrheit fühlt sich stets leicht an, und eine Lüge fühlt sich stets schwer an.)***

Welche Fragen könntest du stellen?

Es geht um die Frage und um die Wahrnehmung, die du kreierst und generierst. Also, welche Fragen könntest du heute stellen, um die Möglichkeiten für dein Leben, deine Lebendigkeit, deine Realität und dein Unternehmen zu erhöhen?

Bist du bereit, alles das zu zerstören und unzukreieren, zu dem du die Türen geschlossen und zukünftige Möglichkeiten vernichtet hast? Alles was das ist, zerstörst und unkreierst du das jetzt, vervielfacht mit einer GottZillion? Right and Wrong, Good and Bad, POD and POC, All 9, Shorts, Boys and Beyonds.

Denkst du über eine Investition nach?

Bist du unsicher, wie du an Investitionen in deinem Unternehmen herangehen sollst? Die Schlüsselfrage, wenn du über eine Investition für dein Unternehmen nachdenkst oder eine Aktion planst, um dein Unternehmen zu erweitern, ist:

- ***Wenn wir das kaufen, wird es uns jetzt und in der Zukunft Geld bringen?***

Wenn du diese Frage stellst, bekommst du vielleicht nur ein „Jetzt" oder du bekommst „In der Zukunft" oder du bekommst vielleicht auch „Ja, das wird uns jetzt und in der Zukunft Geld bringen". Was auch immer es ist, es wird dir eine größere Wahrnehmung dessen ermöglichen, was dein Unternehmen benötigt. Wenn du Systeme oder Abläufe einbringen möchtest oder Ähnliches, dann ist das für jetzt und die Zukunft. In der Zukunft wird es dadurch leichter werden, denn du erweiterst dein Unternehmen und die Möglichkeiten, damit das Geld zum Fließen kommen kann.

Das Buch der Möglichkeiten

Wenn du so wie ich bist, wirst du ständig neue Businessideen haben und manchmal weißt du gar nicht, welcher Idee du folgen sollst – oder wann. Solltest du sofort damit beginnen oder wäre es besser zu warten? Gary Douglas hat stets den Vorschlag gemacht, du solltest dir ein kleines Notizbuch zulegen, damit du sofort alle Businessideen aufschreiben kannst, die du hast. Gary nennt es das

Buch der Möglichkeiten. Zu jeder Idee stellst du die Frage:

- ***Wahrheit, ist das für jetzt oder für die Zukunft?***

Wenn du der Energie dieser Wahrnehmung folgst, wirst du wissen, ob der Zeitpunkt richtig ist, um dieser Idee zu folgen oder ob du sie für später aufheben solltest.

Vielleicht ist es eine gute Idee, aber jetzt ist nicht die Zeit, um sie auszuführen. Sobald du darüber mehr Klarheit hast, kannst du weitere Fragen stellen und auf den richtigen Zeitpunkt warten. Das ist auch eine gute Frage, die du stellen kannst, wenn jemand eine Idee hat, wie du dein Unternehmen erweitern kannst oder wenn du darüber nachdenkst, ein neues Produkt oder einen weiteren Service zu deinem Unternehmen hinzuzufügen. „Jetzt oder in der Zukunft?" ist sehr hilfreich, denn oft vernichten Menschen Ideen, wenn sie keine sofortige Anwendung dafür erkennen können. Versprich mir, keine zukünftigen Möglichkeiten zu vernichten! Hier sind ein paar weitere Sätze, die du formulieren kannst, um den richtigen Zeitpunkt für das Umsetzen deiner Ideen herauszufinden.

- ***Zeig mir, wann ich dich ausführen soll.***
- ***Zeig mir, wann ich dich verkaufen soll.***
- ***Zeig mir, wann ich dich präsentieren soll.***

Vor etwa drei Jahren traf ich mich mit einigen Leuten von Access Consciousness®, um über Kinder-Camps zu sprechen, die wir kreieren wollten. Wir arbeiteten mit einer talentierten Person zusammen, die in der Vergangenheit bereits Camps für Kinder organisiert hatte. Wir sprachen sehr detailliert über das Thema. Wir lernten viel über den rechtlichen Aspekt. Wir hatten eine tolle Website. Wir hatten einen großartigen Flyer und wir hatten Leute, die als Lehrer im Camp fungieren sollten. Es war phantastisch, aber wir hatten keine Kinder. Das fehlende Element waren die Kinder. Ein paar Leute schlussfolgerten: „Oh nein, das hat nicht funktioniert." Das war nicht der Punkt. Die Frage war: „Wann ist der richtige Zeitpunkt für das Camp?" Erst jetzt, drei Jahre später, erwächst die Möglichkeit, um das Projekt auszuführen. Wir können das ganze brillante Material, dass wir zusammengetragen haben, nutzen, denn jetzt ist die Zeit reif dafür. Töte kein Projekt. Vielleicht ist jetzt einfach nicht der richtige Zeitpunkt, es in die Existenz zu bringen. Nutze Fragen, um herauszufinden, wann du deine Ideen verfolgen kannst.

Es geht nicht darum, etwas zu vermeiden.
Mit Bewusstsein kannst du alles und jedes verändern.

Kapitel 14

CONNECTOR, UMSETZER, SCHÖPFER UND ALLESKÖNNER

Wenn du Businesspartner, Dienstleister, Angestellte oder andere Menschen auswählst, um mit ihnen in deinem Unternehmen zu arbeiten, ist es hilfreich zu verstehen, dass es vier unterschiedliche Menschentypen gibt. Es gibt Connector, Umsetzer, Schöpfer und Alleskönner. Wenn du weißt, welcher Typ du bist, kannst du dich viel leichter dafür entscheiden, was du in deinem Unternehmen tun wirst und du kannst die richtigen Menschen finden, die dich in den anderen Bereichen unterstützen können.

Connector sind Menschen, die es lieben, mit allen zu sprechen. Ihre Spezialität ist es, Verbindungen herzustellen. Ihr Talent und ihre Fähigkeit sind es zu wissen, mit wem sie sprechen müssen, wann sie mit der Person sprechen müssen und worüber. Connector haben fünfzig Millionen Telefonnummern in ihrem Telefonbuch und immer, wenn du etwas brauchst, sagen sie: „Ich kenne jemanden, den kann ich anrufen." Ich kann jede Person aus jedem Bereich der Branche nennen, und ein Connector würde direkt sagen: „Ja, das ist ein guter Kumpel von mir!"

Die große Stärke eines Connectors besteht darin, mit Menschen zu sprechen. Das ist es, worum du einen Connector bittest – zu verbinden. Sie sind super Verkäufer und sie sind großartig am Telefon. Connector sprechen mit jedem über alles und sie sind unerlässlich für den Erfolg deines Unternehmens.

Manchmal kommen Connector in dein Unternehmen, kaufen dein Produkt oder deinen Service und dann erzählen sie jedem, wie wundervoll du bist. Du brauchst sie nicht einmal anzustellen. Sie wollen, dass jeder von dir erfährt. Für viele Connector bedeutet dies, Verbindungen zu erschaffen, ohne Geld damit zu verdienen. Sie verbinden ganz einfach Menschen miteinander. Sagen wir, du bist Friseurin und eine deiner Kundinnen schwärmt die ganze Zeit über dich, egal wohin sie geht, im Supermarkt, bei einem Familientreffen, auf einer Party. Sie sagt zu den Menschen: „Du musst zu dieser Friseurin gehen, sie ist fabelhaft!" Das ist ein Connector. Deine Klientin bezahlt dich dafür, dass du ihr die Haare schneidest und sie schafft Verbindungen für dich. Connector tun Derartiges einfach nur, weil sie Freude daran haben.

Umsetzer wissen, wie man ein Unternehmen führt. Sie sind dynamisch und ambitioniert und vor allem sind sie Futuristen. Ihre Stärke ist es zu wissen, welche Maßnahmen sie heute ergreifen müssen, um das Unternehmen morgen zu erweitern. Ein Umsetzer schaut sich die Möglichkeiten an und fragt: „Was ist als nächstes notwendig?" Wenn du eine Tagung, eine Party oder einen Kurs planst, bucht der Umsetzer den Veranstaltungsort, lässt die Flyer drucken und sorgt dafür, dass ausreichend Stühle vorhanden sind. Sein Talent und seine Fähigkeit ist es zu erkennen, was gebraucht wird und dafür zu sorgen, dass es auch da ist. Er ist dem Geschehen zehn, zwanzig oder fünfzig Schritte voraus.

Umsetzer erschaffen einen Flow und ein Gefühl von Leichtigkeit in deinem Unternehmen und deinen Projekten. Sagen wir, du planst eine Ausstellung. Ein Umsetzer wird vorzeitig wissen, was genau zum Aufbau und für die Arbeit auf der Messe benötigt wird. Das ist der Schlüssel. Sie sind ihrer Zeit weit voraus. Sie werden nicht auf der Messe erscheinen und sagen: „Oh, nein! Ich habe das Produkt vergessen." Sie wissen genau, was einen Monat, zwei Monate oder eine Woche zuvor benötigt wird. Es ist beinahe als könnten sie Gedanken lesen. Umsetzer sind ständig in der Frage, wenn es darum geht, was in der Zukunft benötigt wird, und dann kommen sie und fragen: „Wie verläuft der heutige Tag?"

Schöpfer schauen immer was möglich ist. Sie sind die Träumer und die Visionäre. Sie sind diejenigen, die neue Ideen haben. Sie suchen immer nach der Energie, um etwas Neues im Leben generieren zu können. Schöpfer leben von Fragen wie: „Was ist möglich? Welche Wahlmöglichkeiten habe ich? Welchen Beitrag kann ich leisten?" Ihr Talent und ihre Fähigkeit ist es zu erkennen, was im Business und im Leben möglich ist. Ein Schöpfer ist jemand, der ständig eine Million Ideen hat. Und dabei ist das Aufschreiben all deiner Ideen ins Buch der Möglichkeiten so effektiv.

Neulich sprach ich mit einem Mann, der zu mir sagte: „Manchmal bekomme ich eine Idee für ein Geschäft. Ich kann den Anfang erkennen und wie es in der Zukunft aussehen wird. Aber da ist dieses Zwischenstück, bei dem es darum geht, es in Gang zu bringen. Das kann ich nicht sehen. Ich liebe diese Ideen und die Visionen, wie alles in der Zukunft aussehen wird, aber ich habe nicht die leiseste Ahnung, wie ich es ins Leben rufen kann."

Das ist ein großartiges Beispiel für einen Schöpfer, der einen Umsetzer braucht. Ich fragte: „Wie wäre es, wenn du jemanden mit hineinnehmen würdest, der alle die Dinge in dem Zwischenstück erledigt? Es gibt Menschen, die es lieben, Dinge in Gang zu bringen, damit ein Unternehmen entstehen kann." Inzwischen hat er sich mit einem großartigen Umsetzer verbunden, der ihn dabei unterstützt, seine Ideen einzubringen und sein neues Unternehmen ist auf dem besten Weg.

Alleskönner vereinen die Fähigkeiten von Connector, Umsetzer und Schöpfer. Sie sind in allen drei Bereichen großartig. Ein Alleskönner kann ganz alleine dastehen und alle Rollen ausfüllen. Sie sind super Koordinatoren, denn sie haben eine Wahrnehmung, wenn es darum geht zu verbinden, wie man etwas in Gang bringt und kreiert. Sie erkennen alle Aspekte eines Unternehmens. Sie wissen, was in jedem Bereich notwendig ist und sie arbeiten effektiv mit Menschen zusammen, um sicherzustellen, dass alle Elemente für ein erfolgreiches Unternehmen erfüllt werden.

Wer sind die Connector, die Umsetzer und Schöpfer in deinem Leben?

Hoffentlich hast du, während du das gelesen hast, bereits an Menschen gedacht, die zu den Beschreibungen von Connector, Umsetzer und Schöpfer passen. Vielleicht denkst du: „Oh ja, diese Frau spricht immer über meine Produkte und ich habe sie noch nicht einmal angestellt." Wie wäre es, wenn du Connector, Umsetzer und Schöpfer nicht einstellen müsstest? Wie wäre es, wenn sie ganz einfach Menschen wären, die einen Beitrag zu deinem Unternehmen sind? Sie sind es! Wie wäre es, wenn du bereit wärst, Connector, Umsetzer und Schöpfer von überall zu empfangen?

Jeder Einzelne ist unerlässlich für dein Unternehmen

Egal ob Connector, Umsetzer oder Schöpfer, der eine ist so wichtig wie der andere. Keiner ist wertvoller als ein anderer. Jeder hat Talente und Fähigkeiten, die alle zusammen notwendig sind, um ein Unternehmen reibungslos und erfolgreich, mit Leichtigkeit und Freude zu gestalten. Keiner von ihnen ist besonders und jeder von ihnen ist besonders. Wenn du in deinem Unternehmen niemanden mit den stark ausgeprägten Fähigkeiten eines Connectors, eines Umsetzers und eines Schöpfers hast, wirst du nicht alle Elemente in deinem Unternehmen haben, um erfolgreich zu sein. (Nebenbei, dasselbe gilt auch für Beziehungen. Eine erfolgreiche Beziehung sollte aus Partnern bestehen, die alle Elemente des Connectors, Umsetzers und Schöpfers vereinen.)

Welcher der drei bist du?

Um für dich selbst mehr Klarheit zu bekommen, ob du ein Connector, ein Umsetzer oder ein Schöpfer bist, kannst du folgende Frage stellen:

- ***Was mache ich und was bin ich gerne innerhalb des Unternehmens?***

„Ich bin nur ein Connector!"

Sagen wir, du hast erkannt, dass du ein Connector bist. Du könntest wie einer meiner Freunde fragen: „Wie kann ich ein erfolgreiches Business haben, wenn ich nur ein Connector bin?" Die Antwort ist einfach: Du musst nicht alles alleine machen! Übernimm den Teil, der dir Freude bereitet. Frage:

- ***Wer muss noch vorbeikommen, um das, was nötig ist, zu generieren?***

Oder vielleicht kannst du auch ein Business erschaffen, das mit Verbinden zu tun hat. Ich fragte meinen Freund: „Wie wäre es, wenn dein Business das Verbinden wäre? Wie wäre es, wenn es in deinem Geschäft darum ginge, was du bist?" Wenn du ein Connector bist, kannst du ein Geschäft gründen, in dem du Menschen mit anderen Menschen verbindest. Schau dir Craigs Liste an. Er ist ein Connector. Schau dir Angies Liste an. Sie ist ein Connector. Das ist, was sie tun – sie verbinden Menschen – und sie bekommen Geld dafür.

„Ich bin ein Connector, aber ich hasse es, für mich selbst Werbung zu machen!"

Selbst wenn du ein Connector bist, kann es sein, dass du einen anderen Connector brauchst, der dir hilft, dich zu vermarkten. Viele Menschen (auch Connector) haben Schwierigkeiten, für sich selbst Werbung zu machen. Vielleicht musst du jemanden finden, der gewandt ist in Social Media, um dir zu helfen, dich weitläufig zu verbinden. Oder du kannst eine Firma im Bereich des Social Media beauftragen, dich weltweit zu verknüpfen. Frage:

- ***Wen oder was muss ich zu meinem Business hinzufügen?***

Die Idee dabei ist, eine Wahrnehmung darüber zu bekommen, was du und andere mit Leichtigkeit machen können und worin jeder großartig ist, damit jeder einzelne seine besten Fähigkeiten nutzen kann, was eine größere Freude im Business erzeugt.

Was sind die unendlichen Möglichkeiten?

Kapitel 15

MENSCHEN FÜR DEIN UNTERNEHMEN BESCHÄFTIGEN

Ein paar praktische Grundlagen

Wenn es soweit ist, jemanden für dein Unternehmen anzustellen, bitte nicht darum, einen Angestellten zu finden. Bitte um eine individuelle Person, die mehr ist als ein Angestellter. Frage nach jemandem, der ein Beitrag zu deinem Unternehmen ist, der deine wildesten Träume übertrifft und zusätzlich sich selbst dabei hilft. Bitte um jemanden, der oder die auch den Wunsch hat, eine größere Realität für dein Unternehmen zu erschaffen.

Ich habe nicht immer so gehandelt. Vor Jahren, bevor ich wusste, dass mein Unternehmen eine separate Einheit ist, dachte ich, ich würde es besitzen. Ich hatte die Ansicht, dass es niemanden gab, der irgendetwas so gut machen konnte wie ich. Kannst du dir vorstellen, welche Art von Angestellten ich einstellte? Überraschung! Wir erschaffen unsere Realität. Niemand, den ich einstellte, konnte die Dinge so gut wie ich.

Ich hielt an meiner Idee fest, dass ich die einzige war, die mein Unternehmen führen konnte und während der ganzen Zeit behielt ich sehr streng die Kontrolle über alles. Viele Unternehmer haben diese Einstellung. Sie wollen an allem festhalten. Das Problem ist, wenn du an etwas festhältst, ist deine Hand geschlossen. Du kannst nichts weiter annehmen. In einem der Star Wars Filme gibt es eine Szene, in der einer der Darsteller an einem Universum festhält, und ein anderer sagt zu ihm: „Wenn du dieses Universum nicht loslässt, kannst du die anderen Universen nicht annehmen." Wenn du die Kontrolle loslässt, kann etwas weit Größeres für dich und für dein Unternehmen auftauchen. Wenn ich heute jemanden anstelle, bitte ich um Leute, die mit mir arbeiten und mehr wissen als ich.

Wenn es ein Gebiet gibt, das dir keine Freude bereitet oder in dem du nicht gut bist, finde jemanden, der Spaß an diesem Bereich hat. Zum Beispiel rede ich gerne mit Männern, Frauen oder Kindern, aber das Verbinden macht mir keine Freude. Ich ziehe es vor, der Umsetzer und der Schöpfer zu sein. Bei *Good Vibes for You* haben wir jetzt jemanden im Verkauf, der so viel besser ist als ich. Es fließt kein Blut durch seine Adern. Seine Verkäufe vibrieren. Warum stellst du keine Leute ein, die besser sind als du? Wir haben auch jemanden in unserer Belegschaft, die Buchhaltung liebt. Ihre Einstellung ist „Kann ich das bitte machen?". Meine Antwort ist „Sicher!". Sie macht die Buchhaltung besser als ich, da sie es liebt, sie zu machen.

Wenn du jemanden in dein Unternehmen einlädst, damit er oder sie die Dinge tut, die du nicht gerne machst, so ist dies ein Beitrag für dein Unternehmen. Du bist lieblos deinem Unternehmen gegenüber, wenn du ihm den Beitrag in Form eines Mitarbeiters unterschlägst, der die Arbeit gerne tut, die gemacht werden muss. Wird sich dein Unternehmen durch hochkompetente Mitarbeiter vergrößern oder wird es durch sie kleiner werden? Es wird sich vergrößern.

Einstellung

Hier sind ein paar Fragen, die du nutzen kannst, wenn du darüber nachdenkst, jemanden einzustellen:

- ***Wahrheit, wird diese Person dem Unternehmen jetzt und / oder in der Zukunft Geld bringen?***

Vielleicht erhältst du ein Nein. Beschließe nicht sofort: „Ich kann diese Person nicht einstellen." Frage stattdessen:

- ***Wahrheit, wird diese Person in irgendeiner Weise zu meinem Unternehmen beitragen?***

Du wirst durch die energetische Antwort eine Wahrnehmung erhalten und von dort aus kannst du wählen. Denke daran, Wahlmöglichkeiten kreieren Bewusstsein.

Bewerbungsgespräche

Wenn du jemanden wegen einer Anstellung interviewst, versuche Folgendes:

- ***Sage ‚Wahrheit' in deinem Kopf und dann laut:***
- ***Was gibt es noch, wonach ich nicht gefragt habe und das ich über Sie wissen sollte?***

Wahrheit ist ein universelles Gesetz. Wenn du ‚Wahrheit' vor eine Frage stellst, müssen die Menschen dir die Wahrheit sagen. Sie werden dir Dinge erzählen wie: „Manchmal gehe ich noch spät laufen" oder: „Ich gehe nicht gerne ans Telefon". Sie werden dir sagen, was sie nicht mögen, und sie werden (zu sich selbst) sagen: „Warum habe ich das gerade getan?" Man nennt es Manipulation und es macht Spaß!

Dinge, die man über potentielle Businesspartner oder Angestellte herausfinden sollte

Im Folgenden findest du ein paar Dinge, die du dir vielleicht anschauen möchtest, wenn du über neue Businesspartner oder Angestellte nachdenkst:

- **Hat die Person eine Armutsmentalität?** Stelle niemanden ein, der Armut als seine Realität hat. Das wird nicht funktionieren, wenn du versuchst, Geld zu verdienen, weil sie dafür sorgen werden, dass du nicht einmal genug Einnahmen hast, um selbst sie zu bezahlen.
- **Hat die Person oder ihre Familie jemals Geld gehabt?** Menschen, die bereits Geld hatten, erwarten auch wieder welches zu haben. Sie werden hinausgehen und Geld für dich kreieren, denn Geld ist ein Teil ihrer Realität. Sie rechnen damit, es zu haben.
- **Liebt die Person Geld?** Auch wenn sie aus der Armut kommt wird sie für dich und für sich Geld machen, weil sie Geld liebt.
- **Hat die Person die Ansicht, dass sie an allem nutzlosem Kram in ihrem Haus festhalten muss?** Wenn sie das tut, solltest du wissen, dass sie wahrscheinlich niemals Geld haben wird, da sie an dem festhält, was sie hat, als gäbe es sonst nichts. Fahre mit ihr in ihrem

Auto. Wenn das Auto voller Gerümpel ist, so ist die Person ein Messie und wird dir niemals Geld einbringen.

- **Ist die Person intelligent und aufmerksam? Hat sie einen Sinn für Humor?** Du solltest mit Menschen zusammenarbeiten, die deinen Verstand auf Trab halten. Wenn du jemanden einstellst, der keine hohe Intelligenz und eine geringe Wahrnehmung hat, wirst du in kurzer Zeit von dieser Person gelangweilt sein.

Ein Unternehmen, das aus Bewusstsein erschaffen wird, ist die Freude am Business – es ist ein Business auf eine andere Art

Kapitel 16

ERMÄCHTIGUNG VS. MIKROMANAGEMENT

Viele Menschen, mit denen ich spreche, drücken oft ihre Bedenken bei der Einstellung von Mitarbeitern aus. Sie sorgen sich: „Werde ich kompetente Leute finden? Werde ich jedes einzelne Detail erklären müssen? Wird die Person alles nur halbherzig machen und werde ich es anschließend alles noch einmal machen müssen? Wenn dem so ist, muss ich am Ende alles doppelt machen! Wie kann ich alles kontrollieren, um sicherzustellen, dass es gut läuft?"

Ich sage: „Versuche nicht, die Dinge zu kontrollieren!" Du musst bereit sein, die Führung in deinem Unternehmen und in deinem Leben zu übernehmen. Wahre Führungsmenschen wissen, wohin sie wollen und darauf steuern sie zu, egal was notwendig ist. Dein Unternehmen zu führen, bedeutet nicht notwendigerweise, dass du der Boss bist und alles kontrollieren musst. Es könnte auch bedeuten, dass du die Menschen, mit denen du arbeitest, dazu einlädst, sich selbst einzubringen. Es könnte auch heißen, von ihnen zu erwarten, dass sie selbstständig Wahlen treffen.

Mikromanagement bedeutet für dich, dass du als Führungskraft deine Wahrnehmung einschränkst und deinen Fokus darauf legst, dass alles auf eine ganz bestimmte Weise auszusehen hat. Das Problem dabei ist, dass diese Gedanken niemals dein Unternehmen erweitern werden, sie machen es kleiner. Wenn du dein Unternehmen autoritär leitest, denkst du ständig nach, hast Erwartungen und übersiehst alle Möglichkeiten. Du hältst die Zügel deiner Angestellten sehr kurz. Du neigst dazu, dich über sie zu stellen, sie zu beobachten und ihnen zu sagen, was sie zu tun haben.

Das ist keine wirksame Arbeitsmethode. Wenn du aufmerksam bist, was mit deinem Unternehmen - und mit deinen Angestellten – geschieht, wenn du das tust, wirst du wahrscheinlich beobachten, wie die Energie aufhört zu fließen. Der Geldfluss verringert sich, alles zieht sich zusammen und da gibt es nicht viel Freude. Das liegt daran, dass du an allem festhältst. Du führst dein Unternehmen auf der Basis von Beschlüssen, Kontrollen und Bewertungen und nicht aus Wahrnehmung, Fragen, Wahl und unendlichen Möglichkeiten heraus.

Wenn du jemanden ermächtigst, so ist das ein Beitrag für diese Person und für dein Unternehmen. Du erlaubst dem Beitrag, sich bei dir zu zeigen und du erlaubst es dem Beitrag, sich bei der anderen Person zu zeigen. Wenn du über deine Belegschaft Fragen stellst und aus dem Raum des Bewusstseins heraus funktionierst statt aus den festgelegten Antworten, erschaffst du eine Energie der Ermächtigung, die sich im gesamten Unternehmen ausbreitet. Das ermöglicht den Menschen, alles zu sein, was sie sein können.

Ermächtige die Menschen, das zu tun, worin sie gut sind

Ermächtige deine Belegschaft, das zu tun, worin sie gut ist. Menschen mögen es, wenn sie sich ihre Jobs selbst erschaffen können. Wenn Menschen tun können, was sie lieben, wird ihre Arbeit zu einer Einladung für sie. Sie wird freudvoll und das erweitert dein Unternehmen. Jeder Mensch hat eine andere Ansicht. Wenn ich in einem Raum voller Menschen wäre und ich würde jeden darum bitten, eine bestimmte Arbeit zu erledigen, dann würde jeder diesen Job anders machen. So sieht Erweiterung aus. Es bedeutet, dass jeder eine Vorstellung davon hat, wie Dinge getan werden könnten, die dir niemals in den Sinn gekommen wären. Wie wäre es, wenn du den Unterschied in jedem annehmen könntest?

Wie würdest du es machen?

Menschen zu dem zu befähigen, was sie wollen, erschafft eine ganz andere Energie als ihnen zu sagen, was sie tun sollen. Wenn jemand von meiner Belegschaft mich fragt, wie er oder sie etwas machen soll, antworte ich: **Wie würdest du es machen?** Diese Frage erlaubt dir, die Perspektive dieser Person zu empfangen.

Neulich hatte ich ein Meeting mit jemandem, der für uns arbeitet. Er fragte mich: „Kannst du mir erklären, wo deine Prioritäten liegen?"

Ich fragte: „Nun, woran arbeitest du?"

Er berichtete mir von fünf verschiedenen Dingen, an denen er arbeitete.

Ich fragte ihn: „Was würdest du gerne machen?"

Er sagte: „Ich würde gerne hieran und daran arbeiten, da ich sehe, dass sich die Dinge in diese Richtung entwickeln."

Ich sagte: „Großartig, dann mach das."

Später am Nachmittag bekam ich eine E-Mail von ihm, in der er schrieb: „Danke, dass du mir die Freiheit gegeben hast, meine Prioritäten zu wählen." Wenn ich ihn darum gebeten hätte, etwas zu tun, was er nicht wollte, hätte er es dann gut gemacht? Hätte er es zügig gemacht? Hätte er es mit Enthusiasmus gemacht? Wahrscheinlich nicht. Ich war bereit, ihn einige Dinge nicht tun zu lassen, die er ursprünglich machen sollte, denn ich weiß, dass wenn er Dinge tut, die er selbst als wichtig betrachtet, wird er sie gut machen und einen weit größeren Beitrag leisten, als ich es jemals von ihm fordern könnte.

Wenn du aus einer Haltung heraus wirkst, in der du keine Befehle erteilst, lädst du dazu ein, einen Beitrag zu leisten, und du lädst eine weit expansivere Energie in dein Unternehmen ein. Stelle deiner Belegschaft Fragen wie:

- ***Welcher Beitrag kannst du zu diesem Projekt sein?***
- ***Welche Ideen hast du?***
- ***Wie genau soll es aussehen?***
- ***Was genau bedeutet es für dich?***

Benutze das Wort ‚genau' in deinen Fragen. Es bringt die Person dazu zu definieren, was für sie wahr ist, und es bringt dir mehr Informationen und Bewusstsein darüber, was die Person tun wird und was sie nicht tun wird.

Wenn du Menschen auf diese Weise ermächtigst, öffnest du Türen, damit sie die Frage stellen: „Welchen Beitrag kann ich leisten?" Das ist ein großer Faktor, wenn es um den Erfolg deines Unternehmens geht. (So ganz nebenbei, Menschen um ihre Meinung zu bitten, bedeutet nicht, diese auch anwenden zu müssen. Es bedeutet lediglich, mehr zu wissen und eine breitere Perspektive zu haben.) Wenn du bereit bist, nach ihrem Beitrag zu fragen und ihn auch zu empfangen, wird sich so viel mehr für dich zeigen und auch für sie.

Menschen zu ermächtigen zu tun, was sie gerne tun, kreiert eine ganz andere Energie, als ihnen zu sagen, was sie machen sollen.

Kapitel 17

VEREINBARUNG UND LIEFERUNG

Viele Menschen glauben, wenn sie freundlich und nett zu anderen sind, werden die anderen auch nett zu ihnen sein und sie werden bekommen, was sie sich wünschen. Sie denken „Behandle deinen Nächsten, wie du selbst behandelt werden möchtest“ würde funktionieren. Oder sie denken: „Wenn ich nur nett genug bin oder gut genug oder wenn ich es richtig mache, wird alles gut werden.“ Nein! Wenn du es auf diese Weise ausprobiert hast, wirst du auch herausgefunden haben, dass es nicht funktioniert. Wenn du aus der Haltung „Behandle deinen Nächsten“ heraus funktionierst, siehst du nicht, was tatsächlich geschieht. Du lebst in der Fantasie, dass der Ausgang besser sein wird, als es wirklich der Fall ist. Du glaubst, was der andere liefern wird, wird größer sein als das, was er tatsächlich liefert.

Wie lautet die Vereinbarung?

Anstatt dein Unternehmen wie im Land der Fantasie zu führen, lade ich dich dazu ein, ein Herangehen zu wählen, das wir Vereinbarung und Lieferung nennen. Es geht darum zu wissen, was du benötigst und wünschst, Fragen zu stellen und zu erkennen, was die andere Person liefern kann und wird. Es erlaubt dir, deine Fantasien sowie die der anderen Person zu umgehen und zu erkennen, wie die Vereinbarung wirklich ist und was auf beiden Seiten geliefert werden muss.

Immer wenn ich einen Vertrag oder eine Vereinbarung, egal welcher Art, mit jemandem über was auch immer mache, frage ich: „Was ist die Vereinbarung? Was genau wünschst und erwartest du von mir? Was muss ich liefern? Was genau wirst du liefern?" Um Klarheit zu erhalten, sind Fragen unabdingbar. Wenn du nur feststellst, was du benötigst, gehst du davon aus, dass die andere Person dich hört. Das ist immer ein Fehler. Du musst dir klar darüber sein, was du benötigst und was du liefern wirst. Und du musst dir mit der anderen Person genau darüber im Klaren sein, was sie liefern wird. Wie siehst du die Vereinbarung? Wie sieht die andere Seite die Vereinbarung? Du musst Fragen wie diese stellen:

- ***Was ist die Vereinbarung?***
- ***Was wirst du liefern?***
- ***Wirst du liefern, was ich möchte?***
- ***Bitte ich um etwas, das du nicht liefern kannst?***
- ***Was genau sind die Bedingungen?***
- ***Wie sind die Konditionen?***
- ***Was genau wünschst und benötigst du von mir?***

- ***Was muss ich liefern, um zu bekommen, was ich möchte?***
- ***Kann ich liefern, was du möchtest?***
- ***Was muss ich hier wissen?***
- ***Gibt es hier etwas, nach dem ich nicht fragen möchte?***

Geld

Vereinbarung und Lieferung sind besonders wichtig, wenn Geld mit im Spiel ist, da Menschen dazu neigen, bei Geld ungenau zu werden. Sie sind sich nie im Klaren darüber. Sie erschaffen Verwirrung. Auf diese Weise weißt du nie genau, wie viel sie dir berechnen werden, wie sich etwas entwickeln wird und wann sie liefern. Ich bin nie ungenau bei Geld. Ich bin sehr exakt. Ich möchte absolute Klarheit. Ich stelle Fragen wie:

- ***Was meinst du?***
- ***Wie wird es genau aussehen?***
- ***Was wird es mich genau kosten?***

Ich frage immer nach der genauen Zahl. Auf diese Weise können sie im Nachhinein nicht sagen: „Oh, wir haben nicht über die Extras gesprochen, die getan werden mussten."

Wenn du wissen möchtest, was geschehen wird, musst du Fragen stellen.

Werden sie liefern?

Wenn jemand etwas sagt wie: „Ich würde gerne mit dir arbeiten", solltest du herausfinden, was diese Person damit meint. Es könnte bedeuten, dass sie mit dir reisen möchte (auf deine Kosten) und im Austausch dazu deine Koffer tragen wird. Vermutlich ist es nicht das, was du benötigst!

Sagen wir, du möchtest jemanden einstellen, der mit deinem Hund spazieren geht. Frage:

- ***Was denkst du, wirst du liefern?***
- ***Wann wirst du den Hund spazieren führen?***
- ***Wie wird das aussehen?***
- ***An wie vielen Tagen in der Woche wirst du mit dem Hund spazieren gehen?***

Geh nicht davon aus, dass die Person so mit deinem Hund spazieren gehen wird, wie du es tust. Finde heraus, was in ihrem Kopf vor sich geht. Wenn du mit Vereinbarung und Lieferung arbeitest, kannst du dir selbst darüber im Klaren sein, was du möchtest, und du bist in der Lage herauszufinden, ob die andere Person das auch liefern kann. Wird der andere machen, wonach du fragst? Sei bereit, dir anzuschauen, was geschieht, und frage: „Wird diese Person liefern, was ich wünsche?"

Wenn dir jemand anbietet, etwa zu tun, sagst du: „Das ist toll. Wie lautet die Vereinbarung? Was möchtest du gerne dafür bekommen?" Lass niemanden etwas für dich tun, der dir hinterher eine Rechnung präsentiert, die weit höher ist, als du erwartet hattest. Frage direkt im Vorfeld: „Okay, wie lautet die Vereinbarung?" Du hast Klarheit. Die andere Person hat Klarheit.

Konfrontiere niemals

Ein guter Freund wollte in seinem Unternehmen etwas gemacht haben. Er fand eine Frau, die sagte, sie würde liefern, was er benötigte. Er dachte, sie hätten eine Übereinkunft wegen des Preises. Die Frau hatte jedoch alles ganz anders verstanden. Sie schickte ihm eine Rechnung, die vier Mal größer war, als er erwartet hatte. Er war verstimmt und wollte die Frau damit konfrontieren, sie sollte erkennen, dass sie sich nicht an die Abmachung gehalten hatte.

Sein Gedanke war: „Wenn ich dich damit konfrontiere, wirst du erkennen, dass du einen Fehler gemacht hast." Das einzige Problem an diesem Herangehen ist, Konfrontation funktioniert nie. Wenn du jemanden konfrontierst oder dich entgegenstellst, muss der andere sich automatisch in Verteidigungshaltung begeben, um die Position, die er gewählt hat, zu rechtfertigen. Menschen sehen alles immer nur von ihrem Standpunkt aus. Niemand wird jemals vollständig deine Sichtweise verstehen können oder seine Ansicht ändern, nur weil du deine geäußert hast. Die Quintessenz ist, wenn du jemanden konfrontierst, muss diese Person sich erklären und verteidigen.

„Ich bin verwirrt. Kannst du mir hierbei helfen?"

Ich vermeide jede Konfrontation, wenn ich mit jemandem über etwas sprechen muss. Das Erste was ich sage, ist:

- ***Ich bin verwirrt. Kannst du mir hierbei helfen?***

Ich nehme eine Position ein, in der ich nach Hilfe suche. Ich habe etwas nicht mitbekommen. Ich habe etwas verloren. Ich habe etwas nicht verstanden. Wenn du diese Sichtweise einnimmst, wird die andere Person immer versuchen, die Lücken zu schließen. Er oder sie wird versuchen, dir zu helfen und ein Beitrag für dich zu sein. Je weicher du herangehst, umso mehr Informationen werden sich zeigen. Alles was du möchtest, ist Klarheit und eine größere

Wahrnehmung. Es geht nicht um richtig oder falsch, bzw. gewinnen oder verlieren.

Ich war neulich recht frustriert, als ich eine E-Mail von jemandem erhielt, mit dem ich zusammenarbeite. Es erschien mir, als sei er ungehobelt mit einer anderen Person umgegangen. Ich konfrontierte ihn nicht damit und bat ihn auch nicht, mir zu erklären, was er geschrieben hatte. Stattdessen sagte ich: „Ich bin verwirrt. Kannst du mir damit helfen?" Und indem ich das tat, konnte ich herausfinden, dass er gar nicht die Fähigkeit hatte zu tun, wovon ich angenommen hatte, dass er dazu in der Lage wäre. Jetzt, da ich diese Information habe, kann ich jemanden suchen, der die Fähigkeiten hat, um das zu liefern, was ich benötige, ohne irgendwelche Unstimmigkeiten, Konfrontationen oder Rechtfertigungen. Diese Herangehensweise erlaubt es den unendlichen Möglichkeiten, sich zu zeigen. Es ist um ein Vielfaches expansiver als jemanden zu konfrontieren oder in einer Situation unbewusst zu sein, die deine Aufmerksamkeit erfordert. Im Grunde geht es um mehr Bewusstsein.

Die einzige Situation, in der eine Konfrontation sinnvoll ist, ist die, in der du jemandem zeigen möchtest, dass er verlieren wird, wenn er weiterhin das Verhalten wählt, das er momentan zeigt. Zum Beispiel sind manche Menschen begriffsstutzig, wenn sie mit Geld umgehen. Sie wollen eine Situation erschaffen, in der du verwirrt bist, wenn es darum geht, was du bezahlen sollst, damit sie „gewinnen" können. Die Verwirrung, die sie erschaffen, hilft ihnen, ihre Täuschung aufrechtzuerhalten. Wenn dies geschieht, ist es hilfreich, mit einiger Intensität zu sagen: „Ich verstehe nicht, was du willst. *Wonach zum Teufel fragst du?*" Das wird wahrscheinlich dazu beitragen, die Vereinbarung zu klären.

Rechtfertige dich niemals

Wenn du Menschen um eine Lieferung bittest, kann es sein, dass du versucht bist zu erklären oder zu rechtfertigen, warum du alles auf eine bestimmte Weise haben möchtest. Du denkst vielleicht, wenn du die Gründe erklärst, wieso du es so haben möchtest, wird das deine Chance erhöhen, es auch tatsächlich so zu bekommen. Du wirst zum Beispiel sagen: „Ich möchte die Flyer in hoher Qualität auf dickem Papier gedruckt haben, denn ich möchte, dass unser Unternehmen als sehr erfolgreiche Organisation gesehen wird, die stets alles auf die beste Weise macht." Wenn du versuchst, Menschen deine Beweggründe zu verstehen zu geben, rechtfertigst du jede einzelne Aktion, die du wählst. Erkläre und rechtfertige nichts. Sag einfach, was für dich wahr ist. Sag: „Ich möchte diesen Flyer in hoher Qualität auf dickem Papier gedruckt haben."

Egal ob im Unternehmen oder in deinen privaten Beziehungen, sage den Menschen ganz genau, was du möchtest. Du sagst: „Das brauche ich, damit diese Beziehung funktioniert." Es heißt nicht: „Die Liebe wird am Ende siegen." Es heißt auch nicht: „Wenn ich der Person die Liebe gebe, die sie braucht, wird alles gut werden." Das bedeutet, in der Fantasiewelt zu wirken. Tritt heraus, sei gegenwärtig und gehe über die Grenzen der Fantasie hinaus. Das wird es dir erlauben zu kreieren, was du wünschst. Wenn du rechtfertigst, was du brauchst, versuchst du tatsächlich eine Konfrontation, ohne die Person direkt zu konfrontieren.

Wenn du dich rechtfertigst, funktioniert es nicht, weil es für die andere Person keine Möglichkeit gibt, deiner persönlichen Logik zu folgen. Menschen sind nicht in der Lage, die Dinge von deinem Standpunkt aus zu sehen, da sie ihren eigenen haben. Entweder bekämpfen sie, was du sagst, oder sie geben ihren Standpunkt auf und geben dir Recht. Keine der Möglichkeiten ist ein Beitrag zu ihrer Fähigkeit zu liefern, was du gerne möchtest.

Das brauche ich. Kannst du es liefern?

Anstatt zu rechtfertigen, was du wünschst, was gleichbedeutend ist mit: „Ich habe Recht mit meiner Wahl und ich möchte, dass du es genauso siehst", sage einfach: „Ich wähle das, weil ich es brauche." Das ist alles. Es ist keine Erklärung und keine Rechtfertigung notwendig. „Das brauche ich. Kannst du es liefern?" Die andere Person versteht dann, was sie tun muss, damit die Vereinbarung funktioniert und kann wählen, es zu liefern oder nicht.

Suche niemals nach Bestätigung

Dasselbe gilt, wenn du versuchst, eine Bestätigung von jemandem zu erhalten für das, was du benötigst. Bemühe dich nicht! Es wird nicht geschehen. Stattdessen solltest du klar und exakt in deiner Kommunikation sein und herausfinden, was genau die Vereinbarung ist. Sage den Menschen klar und deutlich, was du benötigst. Werde dir selbst klar darüber, was du benötigst. Stelle Fragen und sei dir bewusst darüber, was die Person liefern kann und was nicht.

Konfrontiere niemals, rechtfertige dich nie und suche keine Bestätigung.

Kapitel 18

VERTRAUE DEINEM WISSEN

Und erhalte die Informationen, die du brauchst

Im Unternehmen ist es wichtig, dass du dem vertraust, was du weißt. Wer kennt dich am besten? Dein Steuerberater? Dein Anwalt? Jemand in deiner Branche? Nein. Du kennst dich am besten. Stell dir vor, wie dein Unternehmen aussähe, wenn du dir selbst vertrauen würdest. Wäre mehr Geld in deinem Unternehmen oder weniger? Gäbe es mehr Spaß oder weniger?

Ich kenne eine Frau, die ein Unternehmen zusammen mit ihrem Ehemann und einem zweiten Mann betreibt, der sich als Businessexperte sieht. Obwohl sie und ihr Ehemann die tatsächlichen Inhaber des Unternehmens sind, hat der zweite Mann eine sehr starke Meinung darüber, wie Dinge getan werden sollten. Sie sagte einmal zu mir: „Es ist, als suchte er nach einer Erklärung für mein Handeln. Ich habe keine Lust, ihn von meiner Art, die Dinge zu tun, zu überzeugen, also erledige ich es auf seine Weise. Aber ich fühle mich sehr schlecht dabei. Ich hatte einmal viel Freude an meinem Business. Jetzt hasse ich es."

Ich fragte: „Verstehe ich das richtig? Dein Mann und du, Ihr besitzt das Unternehmen? Dann habt Ihr die Macht und die Kontrolle. Anstatt nun die Dinge auf seine Weise zu tun, wie wäre es, wenn Ihr diesen Mann einfach bewundern würdet für das, was er im Unternehmen erreicht hat, seine Meinung als Information ansehen würdet, für die Ihr dankbar seid, um dann mit eurem eigenen Wissen weiterzumachen?" Das bedeutet aus Vereinbarung und Lieferung heraus zu handeln. Sie sollte ihre eigene Wahl treffen und sagen, was sie wünscht, ohne Erklärung, Rechtfertigung oder Konfrontation.

Was brauchst du hier sonst noch?

Es ist wichtig, dir selbst zu vertrauen und anzuerkennen, was du weißt. Gleichzeitig ist es wichtig, Fragen zu stellen und die Informationen zu bekommen, die du benötigst. Vielleicht musst du mit einem Steuerberater, einem Juristen oder jemandem aus deiner Branche sprechen, um herauszufinden, was du wissen musst. Manche Menschen möchten den Eindruck vermitteln, alles zu wissen, was für ihre Branche wichtig ist. Ich bin das Gegenteil. Wenn etwas auftaucht, von dem ich nichts weiß, frage ich: „Was ist das? Was weißt du darüber?" Höre jedem zu und du wirst erkennen, wenn die Energie mit dem übereinstimmt, was du möchtest.

Wenn du verwirrt, wütend oder verstimmt bist oder wenn sich in deinem Unternehmen etwas seltsam oder unangenehm anfühlt, benötigst du wahrscheinlich mehr Informationen. Menschen fangen oft direkt an zu bewerten, wenn sie verwirrt oder wütend sind, oder sie versuchen sich oder den anderen falsch zu machen. In Wahrheit fehlt ihnen nur Information. Der Weg, um das zu lösen, ist, in die Frage zu gehen. Vielleicht hat ein Angestellter etwas getan, was bei dir Unbehagen auslöst. Vielleicht stagniert ein Projekt, und du weißt nicht, wie du es weiter voranbringen kannst. Wenn du bereit bist, Fragen zu stellen, wirst du mehr Klarheit erhalten, und du wirst in der Lage sein, eine Wahln im Bewusstsein zu treffen. Wenn du mehr Informationen brauchst, frage:

- ***Was muss ich hier noch wissen?***
- ***Mit wem muss ich sprechen?***
- ***Welche Wahrnehmung habe ich, die ich nicht anerkennen wollte?***

Du kannst auch fragen:

- ***Was ist richtig daran, das ich nicht erkenne?***
- ***Was bin ich nicht bereit wahrzunehmen, zu wissen, zu sein und zu empfangen?***

Ist hier eine Lüge?

Wenn du dich wütend oder frustriert fühlst, kann das auch bedeuten, dass da eine Lüge ist. Frage:

- ***Ist hier eine Lüge?***

Du musst die Lüge nicht erkennen. Du musst nur die Wahrnehmung haben, dass da eine Lüge ist. Das ist eine wichtige Information. Wenn du mehr Fragen stellst, kannst du mehr Informationen erhalten. Es ist recht einfach. Wenn du die Information hast, die du benötigst, selbst wenn es eine negative Information ist und selbst wenn du herausfindest, dass du jemandem eine Million Euro schuldest, weißt du, was du generieren musst. Du wirst wissen, was du verändern musst.

Ist da eine Lüge, an der eine Wahrheit hängt?

Bist du jemals in einer Situation gewesen, in der jemand zu dir sagte: „Oh, das ist eine exzellente Vereinbarung. Damit wirst du eine Menge Geld verdienen!" Irgendetwas an dieser Vereinbarung fühlte sich gut an und irgendwie fühlte sie sich nicht gut an. Es war eine Wahrheit, an der eine Lüge hing. Man konnte erkennen, wo man damit eine Menge Geld verdienen konnte. Das war die Wahrheit. Die Lüge, die daran hing und nicht ausgesprochen wurde, war: „Du wirst das Geld tatsächlich erst in drei bis vier Jahren haben."

Hast du jemals eine Immobilienanzeige gesehen, in der ein Haus mit Meerblick angeboten wurde? Hört sich gut an, oder? Es ist ein schönes Haus, aber den Meerblick kannst du nur genießen, wenn du 1,90 Meter groß bist und auf Zehenspitzen an einer ganz bestimmten Stelle auf der linken Seite der Veranda stehst. Das ist eine Wahrheit, an der eine Lüge hängt. Wenn du in einem Meeting bist oder mit jemandem ein Projekt entwickelst und du hast ein merkwürdiges Gefühl dabei, frage:

- ***Ist da eine Wahrheit, an der eine Lüge hängt?***

Du musst gar nicht herausfinden, was die Wahrheit oder die Lüge ist. Frage einfach nach der Energie der Lüge und nach der Energie der Wahrheit, und du kannst alles zerstören und unkreieren, das dir nicht erlaubt, die Wahrnehmung zu haben, die du benötigst.

Was ist richtig daran, das ich nicht erkenne?

Diese Frage umgeht den Gedanken, dass jemand oder etwas „falsch" ist, egal wie die Situation ist. Nichts ist jemals falsch. Du machst niemals einen Fehler. Du lernst ständig und wirst immer bewusster. Wenn du denkst, dass etwas falsch ist, so ist dies eine Bewertung. Du schlägst die Tür zu allen Möglichkeiten zu, die diese Situation mit sich bringt. Dieses Werkzeug öffnet die Tür zu größerer Wahrnehmung und Möglichkeiten. Frage:

- ***Was ist richtig daran, das ich nicht erkenne?***

Es gibt zum Beispiel Zeiten, in denen es energetisch nicht richtig für jemanden ist, in einem Unternehmen weiterzuarbeiten. Manche Menschen würden das als einen Verlust ansehen: „Diese Person wählt es, unser Unternehmen zu verlassen." oder: „Wir werden ihn feuern müssen!" oder wie auch immer die Situation aussehen mag. Gehe nicht in die Bewertung, dass es ein Fehler ist, sie zu feuern oder dass es traurig ist, dass dieser Mensch geht. Gehe in die Frage. Was ist, wenn es kein Verlust ist? Was ist, wenn es eine expansive Wahl für das Unternehmen und die Person ist? Was ist, wenn es genau das ist, was das Unternehmen, das Geschäft oder das Projekt benötigt? Vielleicht bedeutet der Weggang der Person, dass sich ein neuer Raum eröffnet und sich für alle die Energie für etwas ganz anderes zeigt.

Eine meiner Freundinnen hatte über einen langen Zeitraum in einem sehr hoch qualifizierten Job in der Ölindustrie gearbeitet bis sie aufhörte, in diesem Bereich tätig zu sein. Später wollte sie wieder in das Unternehmen zurückkehren und stellte fest, dass sie mit der Anwendung des benutzten Systems nicht mehr auf dem Laufenden war. Sie hatte eine Reihe von Vorstellungsgesprächen und das einzige Angebot, das sie bekam, war für drei Monate mit einem Gehalt weit unter dem, was sie haben wollte. Anstatt etwas Falsches darin zu sehen und wie wenig Geld ihr doch angeboten wurde, stellte sie die Frage: „Was ist richtig daran, das ich nicht erkenne?"

Sie erkannte, dass es noch eine andere Möglichkeit gab, die Situation zu betrachten. Sie bekam ein bezahltes Training von drei Monaten in dem System, das sie kennen lernen musste. Am Ende der drei Monate, wenn der Vertrag auslief wäre sie in der Lage, wegzugehen und noch mehr Geld zu verlangen. Sie sagte: „Tatsächlich gibt mir das die Kraft und das Potential, das ich für mich wähle. Ich weiß, ich werde einen super Job finden, sobald ich mit dem System, das dieser Industriezweig nutzt, auf dem Laufenden bin."

Was ist richtig an mir, was ich nicht erkenne?

Du kannst die Frage auch bei dir selbst anwenden: „Was ist richtig daran?" Bist du über etwas, was du getan hast, verärgert? Hast du beschlossen, einen Fehler gemacht zu haben? Denkst du, du hast etwas falsch gemacht? Bist du mit dir selbst unzufrieden? Diese Frage wird dir helfen, dich von einem anderen Standpunkt aus zu betrachten, und wahrscheinlich wird sie die Tür zu neuen Möglichkeiten öffnen. Frage:

- ***Was ist richtig an mir, was ich nicht erkenne?***

Diese Frage, dieses Werkzeug hilft dir aus der Selbstbewertung heraus zu kommen. Es ist eine großartige Frage, wenn du beginnst, Fehler in dir zu sehen. Wie wäre es, wenn du niemals falsch wärst? Es gibt immer etwas Größeres an dir. Wie wäre es, wenn du dieses Werkzeug nutztest und die Wahrnehmung über etwas von dir hättest, das du nicht anerkennen möchtest? Würde das mehr oder weniger für dein Unternehmen und dein Leben erschaffen?

Ich hoffe, du nutzt alle die Fragen in diesem Kapitel, um Themen in deinem Unternehmen zu klären und die Informationen zu bekommen, die du benötigst. Wenn du sie konsequent und mit Bewusstsein nutzt, wirst du anfangen, dem, was du weißt, noch mehr zu vertrauen. Und das bedeutet mehr Geld, mehr Spaß und mehr Freude im Business!

Wer weiß es am besten? – Du!
Stell dir vor, wie dein Unternehmen aussähe, wenn du dir selbst vertrauen würdest.

Kapitel 19

WÄHLE FÜR DICH

Die meisten Menschen verstehen Bewusstsein falsch. Sie denken, es wird durch Beschlüsse, Kontrolle und Bewertungen erschaffen und nicht durch die Wahlmöglichkeit und die Fragen, die gestellt werden. Wenn man aus Schlussfolgerungen heraus funktioniert, hört sich das so an: „So machen wir das. So muss man das machen. Hier gibt es keine Veränderungen. Es hat beim letzten Mal funktioniert, also werden wir es auch dieses Mal so machen."

Sagen wir, wir haben einen Stand auf einer Ausstellung. Wenn du aus Schlussfolgerung und Kontrolle heraus funktionierst, könnte das so aussehen: „Letztes Jahr waren wir erfolgreich. Der Stand war super. Wir müssen in diesem Jahr wieder an derselben Stelle sein und wir müssen dieselben Dinge tun, denn das zog die Menschen letztes Jahr an." Gibt es bei dieser Herangehensweise irgendeinen Raum für Wahrnehmung oder Veränderung? Nein!

Aus dem Gewahrsein zu funktionieren würde bedeuten: „Die Messe war gut im letzten Jahr. Sie wird in diesem Jahr auch wieder gut sein. Oder gibt es irgendetwas anderes, nach dem wir schauen sollten?" Es sind keine Beschlüsse festgelegt worden. Du bist bereit, einen Stand auf dieser Messe auszurichten und du bist ebenso bereit dazu, keinen Stand auszurichten. Du bist auch bereit, in diesem Jahr alles ganz anders aussehen zu lassen.

Entscheidung vs. Wahlmöglichkeit

Oftmals verwechseln Menschen Entscheidung mit Wahlmöglichkeit. Insbesondere trifft dies zu, wenn die Entscheidungen tief in ihrer Familie, ihrer Kultur oder ihrem Berufszweig verwurzelt sind. Eine Entscheidung ist mit einer Bewertung verbunden. „Das ist es, was ich mache." Bumm! So ist es. Da ist keine Veränderung möglich. Eine Entscheidung verschließt die Tür zur Wahlmöglichkeit. Es kann weiter nichts getan werden. Eine Wahlmöglichkeit ist jedoch etwas, das man innerhalb einer Sekunde ändern kann.

Ein Teilnehmer eines Access Consciousness® Kurses in Italien sagte: „Ich lebe in einer Gegend, in der die Menschen ihre Sommerferien verbringen. Ich arbeite also nur im Sommer. Deswegen benötige ich noch nicht einmal ein Auto, aber genau weil es so ist, komme ich dort auch nicht weg, um mir andernorts einen weiteren Job zu suchen. Wie kann ich das verändern?"

Meine Antwort war: „Wahl! Die Wahl kreiert Bewusstsein, nicht anders herum. Es gibt da draußen einen ganzen Planeten und nur weil du in Italien geboren wurdest in einer wunderschönen Sommerferienregion, bedeutet das nicht, dass du dort bleiben musst. Du kannst alles verändern." Wahl kreiert Bewusstsein bedeutet, du erschaffst ein Gewahrsein dessen, was möglich ist, wenn du eine Wahl triffst. Du öffnest die Tür zu neuen Möglichkeiten und zu neuen Wegen, Dinge zu tun. Wenn du keine Wahl triffst, wirst du niemals die Wahrnehmung dessen bekommen, was sich sonst noch zeigen kann.

„Wenn du sagst: ‚Ich kann keinen weiteren Job finden weil_______', ist alles, was nach dem *weil* kommt, eine Rechtfertigung dafür, warum du nichts Größeres wählen kannst. Also kaufe ich dir oder irgendjemandem diese Geschichte nicht ab, warum du etwas nicht in deinem Leben oder in deinem Unternehmen haben kannst, was du gerne hättest."

Menschen begeben sich oft in diese Art der Rechtfertigung. Eine Frau, die in einem Außenbezirk in Australien lebt, hat immer wieder gesagt, dass ihre Isolation der Grund sei, warum sie ihr Unternehmen nicht gründen könne.

Ich fragte: „Wie wäre es, wenn du deinen Wohnort nicht als Rechtfertigung dafür benutzen würdest, dein Geschäft nicht gründen zu können. Du musst nicht umziehen, um dein Geschäft zu erschaffen. Sieh dir an, was zur Verfügung steht. Was ist mit Social Media? Beginne mit einem Blog, sprich im Radio, gehe auf Facebook oder auf Twitter. Tu, was auch immer notwendig ist. Mache einen Telecall. Was kannst du in Gang setzen, um dein Geschäft zu vergrößern, egal wo du bist?"

Verwende keine Beschlüsse und Bewertungen. Stelle Fragen:

- ***Welche Beschränkungen, habe ich kreiert?***
- ***Was möchte ich wirklich?***
- ***Was müsste ich hier verändern -— und kann ich es verändern?***
- ***Was mache ich wertvoller als den Erfolg, den ich wählen könnte?***

Wahl erschafft Bewusstsein.

Wähle ich hier für mich?

Ich sprach mit einer Künstlerin, die von Kanada in die Schweiz gezogen war. Sie suchte nach einem Ort, wo sie ein Studio, eine Galerie eröffnen konnte. Sie wünschte sich ein Studio in Fuß- bzw. Fahrradnähe und sie fand einen Ort, der ihr sehr zusagte. Er war nur zwei Minuten von ihrem Zuhause entfernt. Ihre Freunde sagten: „Das ist eine Wohngegend. Niemand wird dich jemals hier finden. Niemand wird kommen, um deine Kunst zu sehen oder an einem Kurs teilzunehmen."

Sie sagte zu mir: „Ich weiß es besser, aber immer, wenn ich daran denke, was meine Freunde sagen, bin ich verwirrt."

Ich fragte: „Wahrheit, hast du dich in die Projektionen der Leute, dass das nicht funktionieren kann, eingekauft?" Sie bejahte dies.

Nachdem wir ein paar Clearings gemacht hatten, sah sie, dass sie sich selbst vertrauen konnte: „In der Vergangenheit habe ich mir immer einen Raum kreiert, in dem ich mich wohlfühlte, wenn ich arbeitete und ich bin immer erfolgreich gewesen. Ich habe andere nie nach ihrer Meinung gefragt, wenn es darum ging, was ich tat. Und jetzt brauche ich das auch nicht."

Wenn du für dich wählst, wird am Ende alles zur rechten Zeit am rechten Ort sein. Wenn du gegen dich wählst oder wenn du für jemand anderen wählst, werden die Möglichkeiten verloren gehen. Frage:

- ***Wähle ich hier für mich?***
- ***Wähle ich hier für das Business?***
- ***Was benötigt das Business?***
- ***Was benötige ich?***

Einem Unternehmen, das ich kenne, ging es nicht gut. Die drei Inhaber wussten, es musste etwas Grundlegendes verändert werden. Zwei der Inhaber wollten das Unternehmen schließen oder versuchen, es zu verkaufen, sogar mit Verlust. Der Dritte sagte: „Ich werde das Unternehmen zum Wachsen bringen! Dieses Unternehmen kann funktionieren!" Er wählte für sich und stellte die Forderung, dass egal was andere im Unternehmen sagten, er würde das Unternehmen zum Erfolg bringen. Er war nicht bereit, die Ansichten der anderen abzukaufen. Er war bereit, die Führung in dem Unternehmen und in seinem Leben zu übernehmen. Seine Forderung, das Unternehmen bestehen zu lassen, eröffnete einen anderen Raum und andere Möglichkeiten. Innerhalb von drei Wochen begann sich das Blatt zu wenden. Das Unternehmen bekam mehr Aufträge und Geld begann zu fließen. Dieser Mann wählte für sich, dass er nicht bereit war, die Sichtweisen anderer Menschen darüber, was er kreieren und generieren konnte, wertvoller zu machen als das, was er wusste. Wie oft hast du dich selbst gestoppt aufgrund dessen, was jemand anderes dachte? Hat es für dich funktioniert, einen anderen Menschen wertvoller zu machen als dich selbst?

Die Ansichten anderer Menschen abkaufen

Viele von uns haben die Haltung anderer, was Geld und Business betrifft, akzeptiert. Sagen wir, deine Eltern hatten ein kleines Geschäft und ihre Ansicht war: „Du kannst deinen Lebensunterhalt verdienen, aber du wirst niemals reich werden." Oder sie beschwerten sich ständig darüber, wie hart es sei, ein Geschäft zu führen. Alles drehte sich um das Drama und Trauma der Selbständigkeit. Vielleicht hast du diese Ansicht akzeptiert, ohne ihren Wert in

Frage zu stellen. Eventuell hast du auch Menschen in deiner Branche beobachtet und hast Bezugspunkte erstellt aufgrund ihrer Art, Dinge zu erledigen, ohne dir dessen bewusst zu sein.

Als ich Waren aus Asien importierte, erzählten mir die Leute immer wieder, ich hätte ein Geschäft gewählt, das viele Stunden und harte Arbeit mit sich bringen würde. Das ist recht amüsant, wenn man die vielen Stunden sieht, die ich am Strand verbrachte. Ich wusste, ich konnte es anders machen. Glücklicherweise kaufte ich mich nicht in diese Ansichten ein! Auch wenn du dich in solche Sichtweisen eingekauft hast, kannst du sie zerstören und unkreieren. Wie du das machst? Verwende das Clearing Statement!

Erzählen dir deine Familie, Freunde oder Geschäftspartner, du könnest kein Multimillionär sein und alles haben? Projizieren sie auf dich, dass du es niemals schaffen würdest, dass es dir nicht gelingen würde, erfolgreich zu sein? Oder projizieren sie auf dich, dass du zu viele Geschäfte und Projekte zur gleichen Zeit hättest? Du musst dich nicht in diese Ansichten einkaufen. Du kannst alles haben, du kannst erfolgreich sein, du kannst es schaffen und du kannst so viele Projekte und Geschäfte haben, wie du willst! Glaube mir, du kannst. Du kreierst deine eigene Realität und du kreierst dein eigenes Geschäft.

Was bedeutet Business für dich?

Wenn ich Freude-im-Business-Kurse leite, stelle ich den Teilnehmern oft Fragen wie:

„Was bedeutet Business für dich?" oder: „Wie sieht Business für dich aus?" Ich sage:

„Bitte denkt nicht über eine Antwort nach. Ruft einfach laut heraus, was euch gerade in den Sinn kommt, egal wie lächerlich es euch auch vorkommen mag. Das sind Sichtweisen, die euch beschränken."

Neulich fragte ich in einem Kurs: „Was würde geschehen, wenn ihr viel Geld machen würdet?" Eine Frau sagte: „Ich würde verdammt mürrisch werden und alle Menschen nur noch umbringen wollen." Jemand anderes sagte: „Ich wäre die große Nummer, vor der ich Angst habe. Ich habe Angst davor, den Kopf abgeschossen zu bekommen." Und eine weitere Person sagte: „Dann wäre ich frei." Sie hatte entschieden, wenn sie Geld in ihrem Leben hätte, dann wäre sie frei – was aber, wenn du bereits frei bist? Nachdem alle ihre Antworten ausgesprochen haben, bitte ich sie darum, alles das zu zerstören und zu unkreieren. Das kann große Veränderungen und mehr Gewahrsein im Leben der Menschen und in ihrem Business hervorrufen.

Versuche es selbst einmal. Schreibe deine Antworten zu folgender Frage auf:
Was bedeutet Business für dich?
1 ....
2 ....
3 ....
4 ....
5 ....
6 ....

Jetzt verwendest du das Clearing Statement (den Klärungssatz) und zerstörst und unkreierst deine Antworten:

Alles was das ist, zerstörst und unkreierst du das jetzt alles, vervielfacht mit einer GottZillion? Right and Wrong, Good and Bad, POD and POC, All 9, Shorts, Boys and Beyonds.

Wer bin ich hier?

Eines Tages, als wir diese Übung machten, sagte eine Frau: „Mir ist gerade bewusst geworden, dass die meisten Ansichten, die ich zum Ausdruck gebracht habe, nicht meine eigenen sind. Es sind die meines Vaters. Ich erkenne, ich bin mein Vater. Ich weiß nicht, wie ich mich von ihm trennen kann."

Ich fragte: „Weißt du wirklich nicht, wie du dich von ihm trennen kannst? Oder bist du nicht bereit zu wissen, wer du tatsächlich bist?" Und dann sagte ich: „Wenn du feststellst, dass viele deiner Ansichten, was Geschäft und Geld betrifft, etwas mit deinem Vater zu tun haben, so kannst du immer, wenn du mit Geschäft oder Geld zu tun hast, folgende Frage stellen:

- ***Wer bin ich hier?***

Ich kenne eine Frau, die das mit ihrer Mutter gemacht hat. Sie wollte nicht so sein wie ihre Mutter und ironischer Weise war sie ganz genauso wie ihre Mutter. Sie stellte diese Frage über viele Tage. Sie tat etwas und dann fragte sie: „Wer bin ich?" „Oh, ich bin meine Mutter." Sie zerstörte und unkreierte es und stellte eine Forderung, dass sich das ändern sollte. Und es veränderte sich. Sie sagte: „Ich kaufe nicht mehr die Ansichten meiner Mutter, wer ich sein sollte, was ich machen sollte, was ich haben sollte und was ich erschaffen sollte."

Wenn du beteuerst: „Ich will Geschäfte nicht wie mein Vater betreiben", bittest du um genau die Situation, die du nicht möchtest. Das liegt daran, weil ‚wollen' ursprünglich ‚Mangel' bedeutete. Du sagst also: „Mir mangelt es nicht daran, Geschäfte wie mein Vater zu betreiben." Deine Worte erschaffen deine Realität. Wenn du weiterhin sagst, du willst etwas nicht, was denkst du passiert dann? Du erschaffst es! Stattdessen stelle die Frage: „Wer bin ich hier?" Und sobald du die Wahrnehmung hast, dass du die Sichtweise deines Vaters abkaufst oder die einer anderen Person, zerstörst und unkreierst du alles.

Übe, für dich selbst zu wählen

Übe, für dich selbst zu wählen. Fange mit kleinen Dingen an. Frage:

- ***Ist hier etwas, das ich für eine andere Person wähle als für mich selbst?***
- ***Wahrheit, was würde ich hier gerne wählen?***
- ***Wahrheit, macht mich diese Wahl leichter?***

Wie würden dein Unternehmen und dein Leben aussehen, wenn du wirklich für dich wählen würdest? Ich spreche von Bewusst-Sein in allem: Bewusst in deinem Unternehmen und bewusst in deinem täglichen Leben. Beschränkst du dein Leben, deine Lebendigkeit, deine Realität und dein Unternehmen aufgrund der Ansicht einer anderen Person? Ist jetzt die Zeit, das zu verändern und herauszufinden, was für dich funktioniert? Herzlich Willkommen zu dem Abenteuer Leben und Business!

Wem gehört das? Ist es meins?

Die Fragen „Wem gehört das?" und „Ist es meins?" laden dich dazu ein, dir darüber bewusst zu werden, dass die Gefühle, die du hast, und die Gedanken, die du denkst, nicht deine eigenen sind. Ich kann die Wichtigkeit dieser Fragen nicht genug betonen. Warum? Weil 99 Prozent aller Gedanken, Gefühle und Emotionen, die du hast, nicht deine eigenen sind.

Ich war zu Besuch bei einer Freundin in Melbourne, um dort einen Access Consciousness® Kurs zu leiten. Es war an einem Montagmorgen. Ich fühlte mich schwer wie in Ketten, und dachte für mich: „Ich kann es nicht glauben, dass ich zur Arbeit gehen muss. Ich muss das tun. Ich muss jenes tun. Ich muss den Zug erreichen." Auf einmal sagte ich: Einen Moment mal! Ich fahre doch gar nicht mit dem Zug." Ich wendete das Werkzeug von Access an:

- ***Wem gehört das?***

Ich erkannte, diese Gefühle, Gedanken und Emotionen waren nicht einmal meine eigenen. Sie gehörten zu jedem einzelnen, der an einem Montagmorgen aufstehen muss und sich damit auseinandersetzt, zur Arbeit gehen zu müssen. Sobald ich die Frage gestellt hatte, hatte ich die Wahrnehmung, dass ich liebte, was ich tat. Plötzlich hatte ich wesentlich mehr Energie, eine größere Wahrnehmung von mir und der Freude und der Leichtigkeit, die ich bin.

Wenn du in ein Meeting gehst und du fühlst dich nervös, du machst dir Sorgen oder du fühlst dich unwohl, frage: „Wem gehört das?" Es könnte dem Vorstandsvorsitzenden gehören, der am Kopfende des Tisches sitzt. Es könnte auch einem Vorstandsmitglied gehören oder es könnte deinem Kollegen gehören, der direkt neben dir sitzt. Du musst nicht herausfinden, wem es gehört. Alles was du benötigst, ist die Wahrnehmung, dass es nicht deines ist, denn wie ich schon sagte, 99 Prozent aller Gefühle, Gedanken und Emotionen, die du hast, sind nicht deine eigenen.

Hier ist eine lebensverändernde Übung. Für die nächsten drei Tage fragst du für jedes Gefühl, für jeden Gedanken und für jeder Emotion: Wem gehört das?

Wenn du diese Frage stellst, wirst du bemerken, dass deine Gefühle leichter werden und sich verändern. Das ist ein Zeichen dafür, dass diese Gefühle, Gedanken und Emotionen von Anfang an nicht deine waren. Wenn das geschieht, bekommst du eine größere Wahrnehmung für das, was du tatsächlich in deinem Leben und in deinem Unternehmen generieren und kreieren möchtest. Denke daran, wenn es sich leicht anfühlt, ist es eine Wahrheit. Wenn es sich schwer anfühlt, ist es eine Lüge.

Wenn du für dich wählst, kann sich etwas Größeres zeigen.

Kapitel 20

WÄHLE BEWUSSTSEIN – KEINE GEHEIMEN AGENDEN

Geheime Agenden sind Entscheidungen, die wir fällen, oder Beschlüsse, die wir fassen, deren wir uns nicht bewusst sind. Zum Beispiel hast du etwas in deinem Unternehmen gemacht und dann entschieden: „Das werde ich nie wieder tun." Oder du hast in einer bestimmten Branche gearbeitet und beschlossen: „So muss es sein. So muss ein Unternehmen aussehen." Diese werden zu geheimen Agenden. Vielleicht hast du diesen Beschluss zu einem früheren Zeitpunkt in deinem Leben getroffen, aber oftmals wurden sie sogar in einem vorherigen Leben gefällt.

Sagen wir zum Beispiel, du warst ein Maler in einem früheren Leben. Du liebtest es, deine Gemälde zu kreieren, aber du hast nie genug verdient, um zu überleben. Das machte dieses Leben so schrecklich, dass du den Beschluss gefasst hast, nie wieder etwas mit Kunst anzufangen, weil es dich nicht unterstützt hatte. Und nun sind wir in diesem Leben und was denkst du? Du wirst von Kunst stark angezogen. Du liebst Gemälde und Skulpturen. Du bekommst einen tollen Job in einer Kunstgalerie, aber du verkaufst nichts, denn du hast eine geheime Agenda. Du hast beschlossen, dass Kunst dich nicht unterstützen kann.

Oder du wurdest zu anderen Lebzeiten großzügig unterstützt, weil du etwas erschaffen hast und du hast entschieden: „Das hat gut funktioniert. Ich werde es wieder machen!" In diesem Leben kreierst du etwas Ähnliches und erwartest auch, dass die finanzielle Unterstützung auftaucht. Du verstehst nicht, warum das Geld nicht erscheint. Du fragst: „Wo ist die Finanzierung? Ich mache, was zuvor funktioniert hat, aber mein Geld taucht nicht auf. Was geschieht hier?" Und dann, wenn es nicht auftaucht, was tust du? Du bewertest dich, weil sich die finanzielle Unterstützung nicht verwirklicht.

Oder vielleicht wünschst du dir, ein Unternehmen zu haben, aber es wurde dir gesagt, du kannst kein Unternehmen haben, da du eine Frau bist. Du hättest gerne deine eigene Firma, aber es ist dir nicht möglich anzufangen. Was hält dich zurück? Du erkennst es nicht, aber du hast die Bewertungen und Projektionen, die dir geliefert wurden, gekauft und entschieden, dass eine Frau im Business keinen Erfolg haben kann. Mit anderen Worten, du hast eine geheime Agenda. Vielleicht entstand sie in deiner frühen Kindheit, vielleicht kommt sie aus einer anderen Lebenszeit. Es spielt keine Rolle. Geheime Agenden limitieren uns, und wir haben sie so geheim gemacht, dass wir nicht einmal wissen, was sie sind. Glücklicherweise ist es nicht schwer, mit ihnen umzugehen, wenn du sie zerstören und unkreieren möchtest.

Was ist deine geheime Agenda?

Wenn etwas in deinem Unternehmen nicht funktioniert, frage, ob es irgendwo eine geheime Agenda (oder einen Beschluss oder eine Bewertung) gibt.

Welche geheime Agenda habe ich erschaffen, die alles enthält, was ich nicht verändern, wählen oder einrichten kann? Alles was das ist, zerstöre und unkreiere ich, vervielfacht mit einer GottZillion. Right and Wrong, Good and Bad, POD and POC, All 9, Shorts, Boys and Beyonds.

Du bist die eine Person, die die Fähigkeit hat, eine geheime Agenda zu verändern. Es ist deine Wahl. Es kann niemand für dich machen.

Geheime Agenden in deinem Unternehmen

Manchmal zögern Inhaber von Unternehmen, Personal einzustellen oder einen Businesspartner hinzuzunehmen, weil sie eventuelle Unstimmigkeiten, Konflikte oder Probleme fürchten. Ist das etwas, worüber du dir Gedanken gemacht hast? Was, wenn du nicht mit der Person zurechtkommst? Was, wenn ihr nicht gut zusammenpasst. Was, wenn diese Person eine geheime Agenda hat, die mit deiner geheimen Agenda in Konflikt ist?

Wenn du ein Unternehmen hast, musst du herausfinden, ob du eine geheime Agenda hast. Frage:

- ***Wie ist meine geheime Agenda mit meinem Unternehmen?***

Und wenn du mit einer weiteren Person in deinem Unternehmen arbeitest (oder darüber nachdenkst, es zu tun), schlage ich vor, du findest heraus, ob diese Person eine geheime Agenda hat. Frage:

- ***Was ist seine oder ihre geheime Agenda mit mir?***
- ***Was ist seine oder ihre geheime Agenda mit dem Unternehmen?***

Du musst nicht mit der Person darüber sprechen. Das ist nur für dich, um dein Gewahrsein zu erweitern. Ich stelle diese Frage über alle Menschen, mit denen ich zusammenarbeite, es bringt mir Informationen und erweitert mein Bewusstsein. Wenn du das Clearing Statement am Ende jeder Frage sagst, wird es dein Bewusstsein noch mehr erweitern und dir eine größere Wahrnehmung über deine Wahlmöglichkeiten geben.

Du stellst zum Beispiel fest, dass deine Businesspartnerin als großartige Geschäftsfrau anerkannt werden möchte. Das ist, was sie gerne sein möchte. Wenn ihre geheime Agenda auch für dich funktioniert, wird dies auch ein Beitrag für eure Firma sein. Du könntest also fragen: „Was kann ich dazu beitragen, dass sie als großartige Geschäftsfrau bekannt wird?" Wenn sie eine Nominierung zur Geschäftsfrau des Jahres erhält, könntest du sagen: „Perfekt! Welchen Beitrag kann ich hierzu leisten?" Wenn du eine Konkurrenz betreibende, teuflische Höllenschlampe bist, würdest du sagen: „Wie kann es sein, dass *ich* nicht nominiert wurde? Ich hätte das bekommen sollen!" Was würde das erschaffen? Es wäre der Anfang der Zerstörung des Geschäftes, anstatt ihm etwas hinzuzufügen. Wenn der Beitrag zur geheimen Agenda deines Businesspartners auch ein Beitrag für euer Geschäft ist, so wirst auch du erfolgreich sein, wenn der Partner es ist.

Sagen wir, dein Businesspartner ist ein großartiger Connector und er wäre gerne ein Star. Er wäre wirklich gerne richtig berühmt.

Finde heraus, ob das ein Beitrag für euer Unternehmen wäre. Vielleicht wird er dir ein paar wunderbare Kontakte bringen, die dazu beitragen, dass das Unternehmen wachsen kann! Wenn du dir der geheimen Agenden der Menschen bewusst bist, kannst du ein Beitrag zu ihren Bemühungen sein, was dann wiederum ein Beitrag zu eurem Unternehmen ist. Stelle einfach die Frage:

- ***Welcher Beitrag kann ich sein?***

Wenn die geheimen Agenden deiner Businesspartner oder Angestellten nicht für dich funktionieren, finde heraus, ob sie überhaupt ein Beitrag für dein Unternehmen sind. Zerstört ihre geheime Agenda das Unternehmen? Wenn du das erst einmal weißt, hast du eine größere Wahrnehmung und mehr Information. Du kennst eines ihrer dunklen Geheimnisse. Wenn die geheime Agenda nicht zerstörend ist, frage: „Wie kann ich das nutzen?" Du hast vielleicht heute noch keine Klarheit darüber, wie du es nutzen kannst, aber vielleicht zeigt es sich in einem Monat oder in einem Jahr. Denke immer daran, je bewusster du bist, umso mehr Informationen wirst du haben.

Hast du mit jemandem einen Streit?

Wenn du mit jemandem einen Konflikt oder ein Problem hast, willst du vielleicht diese Fragen stellen, anschließend das Clearing Statement verwenden, um alles, was hoch kommt, zu zerstören und unzukreieren.

- ***Welche geheime Agenda habe ich mit __________?***
- ***Welche geheime Agenda hat __________ mit mir?***
- ***Welche geheime Agenda hat __________ mit (Name deines Unternehmens)?***

- ***Welche geheime Agenda habe ich mit _______ (Name deines Unternehmens)?***

Erfolg: Kannst du höher springen als ein Floh?

Vor langer Zeit wurde ein Experiment mit Flöhen gemacht. Wissenschaftler hielten Flöhe in einem Glasbehälter. Jedes Mal, wenn die Flöhe versuchten, aus dem Behälter zu springen, stießen sie an den Deckel und fielen auf den Boden. Egal wie hoch sie sprangen, sie kamen nicht heraus. Als die Wissenschaftler schließlich den Deckel wieder abnahmen, beobachteten sie, dass die Flöhe noch immer so hoch sprangen wie in der Zeit, als der Behälter geschlossen war. Sie konnten nicht höher springen als die Wände, auch wenn jetzt die Gelegenheit dazu gegeben war. Ist das nicht interessant? Hast du auch dein eigenes Glasdach gebaut, das du nicht überspringen möchtest? Hast du entschieden: „Ich kann nicht erfolgreicher sein als meine Eltern, meine Freunde oder meine Geschwister."? oder „Ich kann das nicht, weil ich eine Frau bin, weil ich ein Mann bin, ich zu jung oder zu alt bin."? Alles das sind geheime Agenden, die das beinhalten, was du nicht ändern kannst.

Gibt es eine Geldsumme, von der du beschlossen hast, dass es unangenehm für dich wäre, sie zu besitzen? Auch das ist eine geheime Agenda. Was wäre notwendig, um das zu verändern? Ich hatte bereits seit längerem Schulden. Eines Tages saß ich an meinem Computer, um meine Rechnungen zu bezahlen. Ich sah mir meinen Kontostand an und sagte: „Wow, ich habe keine Schulden mehr!" Meine Kreditkarten waren bezahlt, und ich hatte Geld auf meinem Geschäfts- und auf meinem Sparkonto. Ich dachte: „So fühlt es sich also an, keine Schulden zu haben? Wo ist die Blaskapelle? Wo ist das Feuerwerk?" Ich hatte gedacht, keine Schulden zu haben, sei eine tolle Sache, aber das war es nicht. Es war einfach nur: „Ich habe jetzt Geld. Ich schulde niemandem Geld!"

Etwa einen Monat später, als ich mir meine Konten wieder anschaute, sah ich, dass ich wieder Schulden hatte. Ich fragte: „Was ist hier geschehen?" Ich erkannte, es war für mich angenehmer, Schulden zu haben als Geld. Der Deckel war von meinem Glasbehälter abgenommen worden, aber ich sprang noch immer nur so hoch, wie die Wände meines Glasbehälters waren. Als ich die Fragen stellte und das Clearing Statement anwandte, wählte ich etwas anderes. Ich stellte die Forderung: „Egal was geschieht, ich werde Geld auf meinem Bankkonto haben. Ich werde sehr viel mehr haben, als ich mir überhaupt vorstellen kann." Und das begann, sich dann zu zeigen.

Sieh dir dein Leben an und das Geld, das du hast – oder das Geld, das du nicht hast. Wie oft stellst du fest, dass du mehr Rechnungen als Geld hast? Ist da niemals genug? Funktionierst du aus einer geheimen Agenda heraus? Hast du eine Übereinkunft mit jedem in deinem Umfeld getroffen, mit den Menschen, die eine Hypothek oder einen Geschäftskredit aufnehmen und ihre Kreditkarten ständig überziehen? Bist du normal durchschnittlich und realistisch wie alle anderen? Fühlt es sich für dich komfortabler an wie die anderen zu sein, anstatt aus dem Glasbehälter herauszuspringen? Wärst du bereit, so anders zu sein, wie du tatsächlich bist, und aus absolutem Bewusstsein heraus zu handeln?

Wenn du bereit bist, aus absolutem Bewusstsein heraus zu funktionieren, wird sich dein Unternehmen verändern.

Kapitel 21

WAS BENÖTIGEN MENSCHEN?

In der Zeit, als ich noch Waren in Indien kaufte, erlebte ich häufig Widerstände gegen eine Frau im Business. Viele indische Männer fühlten sich unwohl, mit einer Frau Geschäfte zu machen, und manchmal sagten sie die seltsamsten Dinge zu mir. Sie waren sich sehr sicher, ich könnte niemals erfolgreich sein. Oft dachten sie, dass weiße Frauen ... sagen wir „leicht" sind, denn wir haben Sex, bevor wir heiraten. Also achtete ich darauf, was notwendig war, um mit ihnen Geschäfte zu machen. Ich passte auf, was ich anzog, was ich sagte und wie ich das Geschäft betrieb. Als sie erkannten, dass ich diejenige mit dem Geld war und etwas kaufen wollte, schluckten sie ihren Stolz hinunter, verhandelten freundlich mit mir und brachten mir den süßesten Tee der Welt. Am Ende kamen wir einfach gut miteinander aus. Ich war bereit wahrzunehmen, was sie benötigten, um das zu liefern, nicht aus Widerstand und Reaktion heraus, sondern aus dem Bewusstsein und dem Wissen heraus, dass ich bekommen würde, was ich benötigte. Alles das ist ein Teil der Manipulation und dem Spaß, der die Freude im Business mit sich bringt.

Manchmal treffe ich auch in Australien oder in den USA auf Männer, die nicht gerne mit Frauen zusammenarbeiten. Ich habe keine Ansicht darüber. Wenn ein Mann sich unwohl fühlt, weil er mit mir als Frau arbeiten soll, bin ich bereit, alles zu tun, damit er sich wohl fühlt. Es geht darum herauszufinden, was Menschen benötigen. Vor einiger Zeit hatte ich ein Businesstreffen in Los Angeles mit einem Teilhaber, der Privatkredite vergibt. Der Mann, mit dem wir uns trafen, erklärte uns dreimal, dass es ihm nichts ausmachte, mit einer Frau Geschäfte zu machen. Als mein Teilhaber und ich aus dem Meeting hinausgingen, drehte ich mich zu ihm um und sagte: „Hast du bemerkt, dass dieser Mann nicht gerne Geschäfte mit Frauen macht?"

„Nein", sagte er: „Das habe ich nicht gemerkt."

Ich sagte: „Wenn du kein Problem damit hast, mit einer Frau ein Geschäft zu machen, so musst du dies nicht dreimal erwähnen. Du musst es überhaupt nicht sagen! Es ist in Ordnung. Wir haben hier die Oberhand, denn wir wissen, was benötigt wird. Wir werden es nutzen. Von jetzt an ist er dein Kontakt."

Wie lauten die Regeln der Etikette?

Es ist wichtig zu wissen, was deine Businesskontakte benötigen, besonders wenn du in anderen Ländern und Kulturen arbeitest. Sei bereit, es dir anzuschauen, was Menschen im Geschäftsleben benötigen und auch was andere Kulturen verlangen.

Ich verbrachte mit einem Kollegen einen Tag mit Meetings in Korea. Ich lernte, dass Koreaner es mögen, sehr freundschaftliche Beziehungen aufzubauen, wenn sie mit jemandem Geschäfte machen. Sie arbeiten gerne mit Menschen zusammen, die sie als Freunde bezeichnen. Also begegneten wir unserem potenziellen Kunden auf eine sehr sympathische Weise. Nach unserem Meeting schickte ich ihm sofort eine sehr herzliche E-Mail, in der ich mich für unser Treffen bedankte. War es wichtig für mich, mit diesem Mann Freundschaft zu schließen? Nein. Wenn er jedoch eine freundschaftliche Geschäftsbeziehung wünscht, kann ich sie ihm geben. Koreaner mögen häufige kürzere Meetings. Sie wünschen sich häufigen und regelmäßigen Kontakt. Also sind wir bereit, auch das zu tun.

Während des Meetings mit unserem Koreaner musste ich niesen. Der koreanische Mann sah mich an und sagte freundlich: „Gesundheit!"

Ich sagte: „Danke." Aber die Energie wurde unangenehm. Ich dachte: „Was ist das für eine Energie, die hier gerade hochkommt?"

Mein Kollege hatte bereits viel Business in Korea betrieben, also fragte ich ihn nach dem Meeting: „Was ist geschehen?"

Er sagte: „In Korea soll man in der Öffentlichkeit nicht niesen."

Ich fragte: „Wie kann man vermeiden zu niesen?"

Er sagte: „Du tust es einfach nicht. Es wird als sehr ungehobelt angesehen."

Du musst die Regeln der Etikette der Orte herausfinden, an denen du Business betreibst. Etikette und Benimmregeln variieren sehr in den unterschiedlichen Ländern. In Indien ist es zum Beispiel okay, auf die Straße zu spucken und in Singapur wirst du dafür mit einer Strafe von 200 $ belegt. Franzosen und Italiener begrüßen sich gegenseitig mit Küsschen auf beide Wangen. Briten und Amerikaner neigen eher dazu, sich die Hände zu geben, und Japaner verbeugen sich vor dem Gegenüber. Du musst wissen, was üblich ist, damit du ein Gefühl der Leichtigkeit mit Menschen entwickeln kannst. Der einfachste Weg, um diese Dinge herauszufinden ist, Fragen zu stellen:

- ***Was benötigen diese Menschen von mir?***
- ***Was ehrt sie und was ehrt mich?***
- ***Welchen Beitrag muss ich hier leisten, damit eine gute Geschäftsbeziehung entstehen kann?***

In Indien war ich einmal in einem Meeting mit etwa zwölf Personen. Man servierte einen Tee, den ich nicht mochte. Du kannst nicht einfach sagen: „Nein danke, ich möchte keinen Tee." Du musst ihn annehmen. Ich versuchte, die Situation zu meistern, indem ich den Tee schnell austrank, um danach eine der süßen Leckereien zu essen, die serviert wurden. Was ich tatsächlich signalisierte, war, dass ich den Tee sehr mochte und mehr davon wollte, also wurde mir gleich wieder nachgeschenkt. Ich hätte herausfinden sollen, wie die Benimmregeln sind und langsam trinken! Ich hätte fragen sollen: „Was wird hier erwartet?"

Einer meiner Lieferanten aus Nepal organisierte einmal ein festliches Abendessen zu meinen Ehren. Sie schlachteten eine Ziege; sie schlitzten ihr die Kehle auf, das Blut floss heraus, und sie fingen es in einer Schale auf. (Zu dieser Zeit war ich Vegetarierin.) Als schmackhaftester Teil wird das Fett der Ziege angesehen, sie brieten es und legten es in Schalen mit der frischen Milch der Ziege. Ich dachte: „Ist das euer Ernst?" Da ich sie nicht entehren wollte, musste ich ihre Gabe annehmen. Ich trank die warme Ziegenmilch und aß das Fett. Eine Freundin, die zu dieser Zeit mit mir reiste, filmte alles und fand es einmalig, denn sie wusste genau, was durch meinen Kopf ging. Das Erlernen der Eigenarten in den verschiedenen Kulturkreisen ist jedoch meiner Meinung nach Teil des Abenteuers und der Freude im Business und im Leben.

Wie solltest du dich anziehen?

Das gleiche gilt auch für die Kleidung, die du trägst. In jedem Businessmeeting, in das du gehst, egal wo es ist, gibt es eine Erwartung, wie du gekleidet sein solltest. Was wird benötigt, um die Bewertung über dich zu kreieren, die sie dazu bringt, willens zu sein, dich und dein Geschäft zu empfangen. Auch wenn die Zeiten sich geändert haben, war es zu der Zeit, als ich in Indien Geschäfte betrieb, für Frauen nicht üblich, ihre Schultern, Ellenbogen und Knie zu zeigen. Sie würden ganz bestimmt nicht das Dekolleté zeigen, aber es war für sie in Ordnung, die Taille zu zeigen. Ich widmete mein Augenmerk auch auf diese Gepflogenheiten und Erwartungen.

Bevor du zu einem Businessmeeting gehst, auch wenn es in einem westlichen Land ist, wo du vielleicht denkst, du weißt, was du anzuziehen hast, erkundige dich nach der Kultur innerhalb des Unternehmens. Wie ziehen sich die Menschen an? Was wird erwartet? Sind Schuhe mit hohen Absätzen nötig? Ist ein Anzug erforderlich oder eine Krawatte? Trägst du Diamanten oder Perlen? Man hat mir erzählt, dass eine große australische Fluggesellschaft bei ihren Einstellungsgesprächen für Flugbegleiterinnen die Bewerberinnen bitten aufzustehen und sich langsam einmal um sich selbst zu drehen. Die Interviewer schauen sich bei dieser Gelegenheit die Absätze an. Ihre Ansicht ist, wenn die Absätze in Ordnung und nicht zerkratzt sind, bedeutet das, dass die Person sich auch um sich selbst kümmert. Sie ist eine gute Kandidatin für den Job. Anscheinend können solche kleinen Dinge einen großen Unterschied machen in der Weise, wie Menschen sich mit dir verbinden. Wohin du auch gehst, entscheidend ist herauszufinden, was von dir erwartet wird, da es Erfolg für dich und dein Unternehmen kreieren und erzeugen wird.

Kreiere eine energetische Verbindung mit Menschen und halte diese Verbindung aufrecht.

Kapitel 22

MANIPULATION MIT ENERGIE

Manchmal frage ich in meinen *Freude-im-Business*-Kursen die Teilnehmer: „Wie viele von euch sind in irgendeiner Form im Verkauf tätig?“ Einige Hände gehen in die Höhe, und ich sage dann: „Ihr solltet alle eure Hände heben, denn jedes Unternehmen hat etwas mit Verkauf und dem Kreieren von Verbindungen zu tun.“ Euer Unternehmen, egal was es ist, hängt davon ab, mit Menschen in Kontakt zu treten und eure Produkte und euren Service zu verkaufen.

Energie ziehen

Eines der Werkzeuge, das du benutzen kannst, um dich mit Menschen zu verbinden, mehr Kunden zu bekommen oder mehr Verkäufe zu tätigen, ist das Energieziehen. Das Energieziehen ist eine Möglichkeit, um Menschen energetisch zu erreichen und ihr Interesse für dich, deine Produkte oder deinen Service zu wecken.

Hier erfährst du, wie du es anwenden kannst:

- Fühle die Energie deines Unternehmens, deines Projekts, deines Produkts, deines Services oder von dem, was auch immer du gerne erweitern möchtest.
- Denke daran, du bist nicht dein Unternehmen. Es ist eine separate Einheit.
- Ziehe große Mengen an Energie in dein Unternehmen. Wie du das machst? Mache es einfach!
- Dann ziehe große Mengen an Energie von jedem in der Welt in dein Unternehmen und ziehe weiterhin Energie von jedem, der dein Unternehmen sucht und von jedem, er nicht einmal weiß, dass er dein Unternehmen sucht. Ziehe weiterhin große Mengen an Energie
- Nun bittest du das Unternehmen, die Energie auszugleichen, indem es kleine Mengen an Energie zu jedem auf der Welt zurücktröpfeln lässt.
- Bitte dein Unternehmen darum, dir das Geld zu zeigen. Bitte darum, dass sich die Kunden und Klienten zeigen und das Unternehmen sich erweitert.

Wenn du denkst, du weißt nicht, was ich meine, wenn ich sage: „Ziehe Energie!“ dann schau dir einmal die Beziehungen zwischen Männern und Frauen an. Ist dir jemals aufgefallen, dass, wenn ein Junge an einem Mädchen interessiert ist, er ihr üblicherweise Energie zuschiebt? Wenn ein Mädchen an einem Jungen Interesse hat, zieht sie meist Energie von ihm. So einfach ist das.

Ich habe mit einem italienischen Bauern zusammengearbeitet, der einen Weinberg hatte. Er wollte, dass mehr Weinkellereien von seinen Produkten erfuhren. Ich erklärte ihm das Energieziehen auf folgende Weise: Nimm die Energie der wachsenden Trauben wahr und des delikaten Weins, den sie kreieren werden. Jetzt ziehst du Energie aus der ganzen Welt in deinen Weinberg. Wenn du wahrgenommen hast, dass dies eingetreten ist, bittest du den Weinberg, jedem, der Interesse haben kann, ein Beitrag für dich, den Weinberg und das Unternehmen zu sein, winzige Energietröpfchen zu schicken.

Auf dieselbe Weise ziehst du Energie, wenn du einen Service anbietest. Sagen wir, du bist eine Masseurin. Spüre dich in die Energie der Pflege und Fürsorge hinein, die du für die Körper bereithältst. Jetzt ziehst du die Energie aus der ganzen Welt in dein Business und bittest dein Business, die Kunden dazu einzuladen, sich von dir pflegen und verwöhnen zu lassen.

Du kannst das Energieziehen auch nutzen, um die Aufmerksamkeit der Menschen zu erlangen, die mehr von dir wissen sollten. Nutze das Energieziehen, wenn du in ein Meeting mit möglichen Kunden gehst, oder wenn du auf dem Weg zu Verhandlungen oder zu einer Talentprobe bist. Sagen wir, du möchtest einem Unternehmen einen Vorschlag unterbreiten. Sobald du am Morgen des Meetings aufwachst, beginnst du damit, große Mengen an Energie von jedem, der anwesend sein wird, zu ziehen, ob das nun der Vorstand ist, die Manager oder der Inhaber. Du musst nicht einmal wissen, wer da sein wird. Wenn du Energie von Menschen ziehst, kreiert das in ihnen ein Gefühl des Vertrauens. Wenn du dann eintrittst, haben sie die Wahrnehmung, dich bereits zu kennen. Du hast die Kontrolle. Du hast ihre Aufmerksamkeit. Du hast bereits eine Verbindung mit ihnen erschaffen.

Du kannst das Energieziehen auch nutzen, wenn ein Kunde seine Rechnung nicht rechtzeitig bezahlt. Wenn du Energie von Menschen ziehst, die dir Geld schulden, ist es ihnen plötzlich nicht mehr möglich, dich aus ihrem Kopf zu bekommen. Schon sehr bald werden sie dir einen Scheck schicken, um die Schulden zu begleichen. Ist das Energieziehen eine Manipulation? Ja, das ist es. Wenn du nicht bereit bist, mit Energie zu manipulieren, wirst du am Ende der sein, der manipuliert wird.

Sich die Energie dessen ansehen, was benötigt wird.

Oft hängt es von der Art ab, wie du mit Energie umgehst, wenn du einen Verkauf tätigst, einen Vertrag aushandelst oder ein Geschäft abschließt. Hast du von dem unaufhaltsamen britischen Unternehmer Sir Richard Branson gehört? Er besitzt über 400 Unternehmen wie zum Beispiel Virgin Records und Virgin Atlantic Airlines. Er engagiert sich in vielen unterschiedlichen Umwelt- und Menschenrechtsprojekten und hat einige großartige Bücher geschrieben. In seiner Autobiographie ‚Losing My Virginity' schreibt Branson: „Mein Interesse am Leben ziehe ich aus der Tatsache, dass ich mir selbst riesige, scheinbar unerreichbare Herausforderungen setze und versuche, über sie hinauszuwachsen."

Branson sieht sich die Energie von potentiellen Projekten und Unternehmen an und wenn er weiß, dass etwas möglich ist, verweigert er ganz einfach die Antwort *Nein*. Nicht ein Gramm seines Selbst kauft ein ‚Nein'. Ein Nein kann ihn nicht enttäuschen oder aufhalten. Dabei hängt er nicht einmal am Endergebnis fest. Wenn Branson ein Nein bekommt, fragt er einfach noch einmal. Wenn er erneut ein Nein erhält, fragt er wieder. Und wieder. Er stellt auch Fragen wie: „Was kann ich anders machen?" oder „Was benötigen sie von mir, damit ich ein Ja bekomme?" Mit dieser Art der Annäherung solltest du auch spielen.

Was macht Branson richtig? Er lebt in der Frage. Er hängt nicht am Endergebnis fest. Er ist bereit, berühmt zu sein. Er ist bereit, reich zu sein. Er ist bereit, arm zu sein. Er ist auch bereit, bewertet zu werden. Er ist bereit, keinen Erfolg zu haben – und er ist bereit, auf dem Weg dahin einen höllischen Spaß zu haben. Er lebt die Freude im Business.

Wie würde die Freude im Business für dich aussehen?

Kapitel 23

MACHST DU GESCHÄFTE WIE EIN MANN ODER WIE EINE FRAU?

Es gibt zwei sehr unterschiedliche Stile, Business zu betreiben: der Stil des Mannes und der Stil der Frau. Es spielt keine Rolle in welchem Körper der Mensch steckt. Oft betreibt ein Mann Business wie eine Frau – oder eine Frau betreibt das Business wie ein Mann. Die Art des Mannes ist direkt. Er möchte sofort zum Punkt kommen, Informationen geben und erhalten. Er wird: „Bla bla bla" sagen und die Sache ist beendet. Die Art einer Frau ist, länger und breiter über etwas zu sprechen. Sie wird sich darüber austauschen wollen, wie die Dinge funktionieren könnten und welche Gefühle sie in Bezug auf das Projekt hat. Sie wird fragen: „Was denkst du darüber?" Und sie liebt es, diese Frage gestellt zu bekommen.

Gary sah mir eines Tages über die Schulter, als ich gerade eine geschäftliche E-Mail schrieb, und fragte: „Wer bekommt diese E-Mail? Ein Mann oder eine Frau?"

Ich antwortete: „Eine Frau."

Er erwiderte: „Du behandelst sie wie einen Mann. Du gibst ihr nur die Informationen, die sie benötigt. So funktionieren Männer. Sie wollen einfach nur wissen. ‚Können wir das machen oder nicht?' Mit einer Frau musst du anders kommunizieren. Sie will mehr über die Dinge sprechen."

Ich neige dazu, Geschäfte wie ein Mann zu betreiben und hin und wieder gerate ich in einen Zwist oder ich beleidige jemanden. Ich bin dann verwirrt und frage: „Was ist da geschehen?" Und dann erkenne ich, dass ich jemanden wie einen Mann behandelt habe, wenn er oder sie Geschäfte wie eine Frau betreiben möchte. Ich melde mich dann wieder bei dieser Person und frage, wie es ihr geht und was sie am Wochenende gemacht hat oder was sie bei dem Projekt fühlt, an dem wir arbeiten. Und die Dinge verändern sich sofort. Wie möchtest du Geschäfte betreiben? Ziehst du die männliche Art und Weise der weiblichen vor oder bevorzugst du die der Frau? Schau dir einmal die Menschen an, mit denen du arbeitest. Betreiben sie ihr Geschäft wie ein Mann oder wie eine Frau? Das ist keine Bewertung. Es gibt kein richtig oder falsch. Es dient nur deiner Wahrnehmung, damit du in deinem Geschäft mit mehr Freude und Leichtigkeit kreieren und Dinge in Gang bringen kannst.

Bist du eine Frau im Unternehmen? Du musst kein Miststück sein!

Bist du eine Frau im Unternehmen? Hast du gedacht, du müsstest die große, starke, harte Businessfrau sein? Manchmal glauben Frauen, sie müssten das dämonische Miststück aus der Hölle sein, um im Unternehmen erfolgreich zu sein. Nichts könnte weiter von der Wahrheit entfernt sein. Frauen können großartige Manipulatorinnen im Geschäft sein. Sie können dafür sorgen, dass sich die

Dinge so entwickeln, wie sie es sich wünschen, und nehmen alle anderen mit ihren Ideen und Plänen mit. Oft realisieren Frauen das nicht und denken, sie müssten sich in fiese, gemeine Menschen verwandeln, damit sich die Dinge nach ihren Wünschen entwickeln. Sie müssen das nicht, damit die Dinge gemacht werden. Wenn ich Frauen beobachte, die sich so verhalten, als wären sie hart, frage ich sie gerne: „Weißt du, wie einfach die Dinge für dich wären, wenn du ein wenig manipulieren würdest?" Manche Menschen sehen Manipulation als durchtrieben oder betrügerisch an, und das kann ein Teil der Definition sein. Es bedeutet auch, eine Situation kunstvoll, leicht und gekonnt zu meistern und davon spreche ich.

Neulich fragte ich einen Mann, ob er mir einen Gefallen tun könne. Ich legte meinen Kopf ein wenig zur Seite, sah ihn aus den Augenwinkeln an und blinzelte mit den Lidern und er sagte: „Aber selbstverständlich! Ich würde alles für dich machen, besonders wenn du mich so ansiehst." Wisst ihr was, meine Damen, im Unternehmen könnt ihr das auch machen. Sogar wenn Männer wissen, dass ihr sie manipuliert, es funktioniert weiterhin. Du kannst dir alles erlauben. Und es macht Spaß! (Männer, ihr könnt das auch.)

Eine Frau erzählte mir einmal von einem Meeting mit zwei Männern. Das Meeting lief nicht gut für sie und plötzlich wurde ihr bewusst, dass sie sich nicht erlaubte, die Rolle zu spielen, die sie als Frau spielen musste, um zu erreichen, was sie wollte. Die Männer waren Kopfmenschen. Einer war Wissenschaftler und der andere Produzent. Es wurde ihr klar: „Ich brauche nur ein wenig mein Dekolleté zu zeigen und die feminine Frau sein, die ich wirklich bin – und ich bekomme was ich will. Ein wenig Dekolleté und Energieziehen, unbedingt! Das war das erste Mal, dass sie sah, wie einfach es sein konnte zu bekommen, was sie wollte.

Bist du ein Mann im Unternehmen? Du musst nicht der Chefkommandant sein!

Vielen Männern wurde im Geschäftsleben beigebracht, dass sie der Chefkommandant sein müssen. Männer werden von der Gesellschaft genötigt, der ‚Antwort-Mann' zu sein. Sie denken, sie müssten zu jeder Zeit ihre Autorität wahren. In den letzten zweitausend Jahren wurde den Männern beigebracht, Befehle zu erteilen und ihnen zu folgen. Wenn ein Mann, der sein ganzes Leben Befehle ausgeführt hat, in eine Autoritätsstellung kommt, versucht er, andere dazu zu bringen, seine Befehle auszuführen, weil er es bisher immer so gemacht hat. Diese Männer neigen dazu, willkürliche Entscheidungen zu fällen und sie erwarten, dass die anderen ihre Befehle befolgen. Die Schwierigkeit bei dieser Herangehensweise ist, dass die Menschen in der heutigen Zeit nicht mehr bereit sind, blind zu folgen. Und abgesehen davon, möchtest du sowieso niemanden, der dir blind folgt. Du bittest die Menschen darum, ein Beitrag zu sein. Wahre Unternehmer, Menschen, die wirklich Dinge bewegen, haben mehr Fragen in ihrem Universum. Sie fragen sich: „Was weiß diese Person und was kann sie beitragen?"

> *Überall wo du nicht bereit warst, die Leichtigkeit und die Freude, eine Frau oder ein Mann im Business zu sein, zerstörst und unkreierst du das alles jetzt, bitte. Right and Wrong, Good and Bad, POD and POC, All 9, Shorts, Boys and Beyonds.*

In Wirklichkeit sind wir sowieso nicht Frau oder Mann: Wir sind unendliche Wesen!

Die Art und Weise zu verstehen, wie Frauen und Männer Business betreiben, ist ein großartiges Werkzeug. Es macht Spaß. Und es erlaubt dir zu sehen, was benötigt wird, wenn du mit Menschen im Business bist. Lass diese Ansicht jedoch nicht zu einer Begrenzung werden, denn du bist nicht wirklich eine Frau oder ein Mann im Business – du bist ein unendliches Wesen.

Wenn du dich selbst begrenzt, indem du Business wie ein Mann oder eine Frau betreibst, ist das nicht wirklich Business aus dem ausgedehnten Sein der Möglichkeiten heraus, denn du hast eine Definition darüber, was du oder eine andere Person ist. Wenn du Business wie ein Mann oder wie eine Frau betreibst, geht es dir nicht wirklich um das Business. Es geht dann um dich. Bitte nutze diese Information, um dir selbst zu helfen, damit du bekommst, was du benötigst, und mache es nicht bedeutsam.

Jede Wahl, die du im Unternehmen triffst, sollte für das Königreich des Wir getroffen werden. Wenn das nicht der Fall ist, schneidest du den Level des Wachstums dessen, was möglich ist, ab und du beschränkst, was du von anderen Menschen empfangen kannst.

Die wahre Kraft des Königreichs des Wir ist die Fähigkeit zu haben, zu wählen was für dich und alle anderen funktioniert.

Kapitel 24

SEI DU UND VERÄNDERE DIE WELT

Viele Menschen sehen Business als ernstes Thema an. Oftmals, wenn ich einen Raum betrete, in dem ich einen Freude-im-Business-Kurs gebe, blicken mich alle ernst und feierlich an, als würden sie sagen: „Wir werden jetzt über Business sprechen. Das ist ernst. Was werden wir machen? Einen Businessplan? Finanzen? Was wird hier geschehen?" Ihre Haltung dem Geschäft gegenüber lässt das Thema schwer erscheinen. Sie erschaffen einen verengten, kompakten Raum, um Geschäfte zu machen anstatt eines leichten, freudvollen Raums. Sie kreieren Drama und Trauma rund ums Geschäft, um es „wirklicher" erscheinen zu lassen. Vielleicht denken sie, wenn etwas leicht ist und keine Stabilität hat, dann hat es keinen Wert. Das kann doch keinen Spaß machen oder doch? (Oh doch!)

> *Überall, wo du dein Geschäft nicht leicht, voller Spaß und freudig erlebt hast, Wahrheit, bist du bereit, alles das zu zerstören und unzukreieren, vervielfacht mit einer GottZillion? Right*

and Wrong, Good and Bad, POD and POC, All 9, Shorts, Boys and Beyonds.

Du sein

Eine der größten Möglichkeiten, dein Unternehmen freudvoll und mit Spaß zu gestalten, ist, aus der Menge herauszutreten und unbändig erfolgreich zu werden, indem du DU bist. Du sein bedeutet, deine Realität zu haben, egal wie diese aussieht. Es bedeutet nicht, sich in die Sichtweise einer anderen Person einzukaufen. Wenn Menschen ein Unternehmen kreieren und generieren, beginnen sie oft damit, sich an dem zu orientieren, was andere in vergleichbaren Unternehmen getan haben. Anstatt sich an dem zu orientieren, was sie selbst wissen, schauen sie, was bisher gemacht wurde, was Erfolg hatte und was erfolglos war.

Unser Herangehen bei *Good Vibes for You* ist nicht auf den Gedanken gestützt, dass wir tun müssen, was für andere ein Erfolg war. Und die Art und Weise, wie wir unser in Flaschen abgefülltes Wasser kreiert haben, ist ein Beispiel dafür, was geschehen kann, wenn du dein Unternehmen aus dem heraus kreierst, was du selbst weißt. Vor kurzem haben wir ein Angebot an die Regierung von Queensland geschickt. Sie bauten Öko-Dörfer und benötigten einen Wasserlieferanten. Anfangs wendeten sie sich an eines der großen Wasserunternehmen, aber die Firma wollte den Vertrag nicht unterzeichnen mit der Begründung, sie wollten umweltfreundlich handeln. Also bat die Regierung von Queensland andere Unternehmen um Angebote. Wir reichten unseres mit einer Frage ein: „Was benötigt der Planet von euch?"

Als wir mit dem Vertreter des Öko-Dorfes in einem Meeting waren, sah er sich unseren Vorschlag an und fragte: „Können sie mich für einen Augenblick entschuldigen? Ich möchte diesen Vorschlag dem Rest des Vorstandes zeigen."

Nach einiger Zeit kam der Vertreter zurück und sagte: „Ich habe gerade mit dem Vorstand gesprochen. Wir sind noch nie einem Unternehmen begegnet, das Fragen wie ‚Was benötigt der Planet von uns?' gestellt hat. Wir wollen mit ihrem Unternehmen arbeiten. Können sie die Vereinbarung unterzeichnen? Wir werden sie in 14 Tagen bezahlen."

Als wir diese Frage in unser Angebot einfügten waren wir bereit, als verrückt angesehen zu werden, als anders und den Auftrag nicht zu bekommen. Wir waren nicht bereit, dasselbe zu tun, was alle anderen taten. Wir sind wie wir sind, und für uns funktioniert es.

Sei du und verändere die Welt.
Sei du und erweitere dein Business.
Sei du und erlaube es dem Geld, sich zu zeigen.
Denke daran: Geld folgt der Freude,
Freude folgt nicht dem Geld.

Wie wäre es, wenn du deine Erinnerung verlieren würdest?

Kreiere und bringe dein Unternehmen so in Gang, wie du es haben möchtest. Nimm keinen Bezug zu dem, was ein anderer getan hat – oder nicht einmal zu dem, was du selbst in der Vergangenheit gemacht hast. Es spielt keine Rolle, was deine Familie gemacht hat. Es ist nicht von Bedeutung, was andere in deiner Branche gemacht haben. Nur du kannst tun, was du tust. Vielleicht verkaufst du dasselbe Produkt wie jemand anderes, aber wenn du Du bist, kreierst du eine Energie um dein Produkt, die den entscheidenden Unterschied ausmacht. Du bist erstaunlich, du bist einzigartig im Universum. Du hast ein Geschenk der Welt zu geben. Es heißt: „Sei DU und verändere die Welt." und nicht: „Sei wie jemand anderes und verändere die Welt!" Betreibe dein Geschäft nicht, wie es alle anderen machen.

Wie wäre es, wenn du dein Geschäft wie kein anderer betreiben würdest?

Lass dich niemals von einem anderen aufhalten

Ich erwähnte bereits den britischen Unternehmer Richard Branson, der *Virgin Atlantic Airlines* und eine Menge anderer Unternehmen besitzt. Eines seiner jüngsten Unternehmen heißt *Virgin Galactic,* das zahlende Kunden ins Weltall bringen möchte. Als Branson in die Schule ging wurde er als Legastheniker bezeichnet. Er hatte einen kaum zu erwähnenden wissenschaftlichen Hintergrund und ging auch auf keine Universität. Als Kind pflegte er zu sagen: „Ich werde Menschen auf den Mond bringen." Du kannst dir vorstellen, was jeder darüber dachte. Und jetzt hat er Raumschiffe! Seine Philosophie ist: „Lass dich niemals von einem anderen stoppen." Was wäre geschehen, wenn Richard Branson einen „richtigen" Job angenommen hätte, weil seine Familie und seine Freunde ihm das geraten haben? Branson hat einen großen Einfluss auf die Welt und wenn er den Versuch gestartet hätte, Business so zu betreiben wie alle anderen, würde die Welt heute recht anders aussehen.

Das trifft auf uns alle zu. Wenn Gary Douglas nicht bereit gewesen wäre, so seltsam und wundervoll zu sein, wie er ist, ganz gleich was es gekostet hat, würde die Welt heute anders aussehen.

Was hast du abgelehnt zu sein, das die Veränderung in der Welt erschaffen würde, von der du weißt, dass sie möglich ist. Stell dir einmal den Einfluss vor, den du auf die Welt haben könntest, wenn du bereit wärst, du zu sein, der Energie zu folgen und die Türen zu öffnen zu allem, was möglich ist?

Überall wo du nicht bereit warst, den Unterschied, der du bist, anzuerkennen und wie viel du generieren kannst und alles, was du aus dir heraus tun, sein, haben, kreieren und generieren kannst, zerstörst und unkreierst du das jetzt alles? Right and Wrong, Good and Bad, POD and POC, All 9, Shorts, Boys and Beyonds.

Alles ist möglich. Das Einzige, was dich aufhält, bist DU!

EPILOG

Jemand hat Gary Douglas einmal gefragt, was seine Definition von Business ist. Er antwortete: „Business ist die Freude, etwas zu kreieren, was dein Leben erweitert und dir Geld bringt." Wie wird das noch besser? Die Freude etwas zu kreieren, was dein Leben erweitert und dir Geld bringt!

Was ist Freude für dich, das dein Leben erweitert und dir Geld bringen könnte? Kreierst du es schon und bringst es in Gang, egal wie „verrückt" es ist? Wenn du eine Idee hast, aber kein anderer führt sie aus, rate mal, was dann ist. Es ist wahrscheinlich eine großartige Idee!

Worte können den unglaublichen Respekt und die Dankbarkeit, die ich für Gary Douglas und Dr. Dain Heer empfinde, nicht beschreiben. Ich bin so dankbar für die Zielsetzungen, die sie haben, um mehr Wahrnehmung und Bewusstsein auf dem Planeten zu kreieren und in Gang zu setzen, ganz gleich was dafür zu tun ist, wie immer es auch aussehen wird.

Ich bin dabei. Und du?

GLOSSAR

Sein
In Access Consciousness® wird das Wort Sein oft in Bezug auf Du benutzt, das unendliche Wesen, das du in Wahrheit bist, im Gegensatz zu einem erfundenen Standpunkt über das, was du denkst du bist.

Das Clearing Statement
Das Clearing Statement, das wir in Access Consciousness® verwenden, lautet: *Right and Wrong, Good and Bad, POD and POC, All 9, Shorts, Boys and Beyonds.*

Right and Wrong, Good and Bad ist Kurzsprache für: Was ist richtig, gut, perfekt und korrekt daran? Was ist falsch, gemein, scheußlich, schrecklich, schlecht und fürchterlich daran? Was hast du entschieden, ist richtig und falsch, gut und schlecht?

POD ist der Punkt der Zerstörung direkt vor deiner Entscheidung, was auch immer du entschieden hast.

POC ist der Punkt der Kreation der Gedanken, der Gefühle und der Emotionen, die deiner Entscheidung direkt folgen.

Manchmal, statt das Clearing Statement zu benutzen, sagen wir einfach: ‚POD und POCe es.

All 9 steht für neun Schichten von Müll, den wir ‚rausbringen'. Du weißt, dass irgendwo in diesen neun Schichten ein Pony sein muss, denn du konntest nicht so viel Scheiße an einem Ort anhäufen, wenn dort kein Pony wäre. Es ist Scheiße, die du selbst generiert hast.

Shorts ist die kurze Version von: Was ist bedeutungsvoll daran? Was ist bedeutungslos daran? Was ist die Bestrafung dafür? Was ist die Belohnung dafür?

Boys stehen für geschlossene Sphärenkugeln. Hast du jemals eine von diesen Seifenblasen-Pfeifen gesehen? Wenn du hinein bläst, kommen ganz viele Seifenblasen heraus? Du lässt eine zerplatzen, und es entsteht eine neue, du lässt eine weitere platzen und es entsteht wieder eine neue? Die Boys sind wie diese. Es sieht so aus, als könntest du niemals alle platzen lassen.

Beyonds sind Gefühle oder Empfindungen, die dir den Atem stocken und dein Herz still stehen lassen oder deine Bereitschaft blockieren, dir Möglichkeiten anzusehen. Dein Geschäft ist bereits in den roten Zahlen und jetzt bekommst du schon wieder eine letzte Mahnung! Damit hattest du nicht gerechnet und du erschrickst. Das ist ein Beyond.

(Ein Großteil der Informationen über das Clearing Statement ist aus dem Buch *Right Riches For You*, eines von vielen großartigen Büchern von Gary M. Douglas und Dr. Dain Heer.)

ÜBER DIE AUTORIN

Die Australierin Simone Milasas ist eine dynamische Führungspersönlichkeit mit Pfiff. Sie ist weltweite Koordinatorin von Access Consciousness® (www.accessconsciousness.com), Gründerin von Good Vibes for You (www.goodvibesforyou.com) und kreativer Funken zur Initialzündung für *Die Freude im Business* (engl.: The Joy of Business (www.accessjoyofbusiness.com).

Schon als junge Frau handelte Simone aus einem völlig anderen Bereich heraus, wenn es ums Business ging und um alles, was damit zusammenhing. Es gefällt ihr nämlich. Genau genommen ist es mehr als das. Sie handelt aus einer FREUDE heraus. Sie genießt es, in den Ausbau und in die Entwicklung von Unternehmen zu gehen, unabhängig von deren Größe, und sie hat einen maßgeblichen Beitrag dazu geleistet, Gruppen jeder Größenordnung durch einen Entwicklungsprozess zu führen. Angefangen mit der Geschäftsidee über die Umsetzung bis hin zur Aufrechterhaltung und Überwindung von Hindernissen gelingt es Simone, die Leichtigkeit, Freude und Herrlichkeit in allem zu finden.

Ihre Bereitschaft, beständig Fragen zu stellen, Dinge aus einer anderen Perspektive zu betrachten, ihren Mitarbeitern zuzuarbeiten und immer wieder neue Wahlen zu treffen, machen den entscheidenden Unterschied in Simones Geschäftspraktiken aus. Um es mit ihren eigenen Worten auszudrücken: „Business ist der Bereich in meinem Leben, in dem ich ständig Fragen stelle und niemals davon ausgehe, dass ich die Antwort habe. Ich bin immer bereit, die Dinge anders in Erscheinung treten zu lassen und das zu ändern, was nicht funktioniert. Das ist für mich das Abenteuer, das Business sein kann." Als Contributor und Vorstandsmitglied in mehreren Unternehmen erweitert Simone ständig ihre eigene Wahrnehmung von Business. Dabei hat sie Werkzeuge und Techniken entwickelt, die auch dich ermächtigen werden, eine andere Realität von deinem Business wahrzunehmen. Mit dieser Zielsetzung im Blick hat Simone mit Menschen zusammengearbeitet, um ihnen Anstöße für eine ganz neue Energie bei ihrer Arbeit zu geben. Mit *Freude im Business* zeigt Simone Wege auf, Business jenseits dessen zu kreieren, was uns diese Realität als machbar vorgibt, und du erhältst dynamisch wirksame Tools mit denen du dein Business so gestalten kannst, wie du es schon immer für möglich gehalten hast.

Lightning Source UK Ltd.
Milton Keynes UK
UKOW06f1944270116

267267UK00014B/280/P